元

图说中国史

公元1271年—公元1368年

铁骑踏出的强悍王朝

HISTORY
OF CHINA

龚书铎 刘德麟◎主编

四川人民出版社

图书在版编目（CIP）数据

图说中国史. 元 / 龚书铎，刘德麟主编 .—成都 ：四川人民出版社，2019.6（2024.1重印）

（图说天下）

ISBN 978-7-220-11123-5

Ⅰ. ①图… Ⅱ. ①龚… ②刘… Ⅲ. ①中国历史—元代—通俗读物 Ⅳ. ①K209

中国版本图书馆CIP数据核字（2018）第262917号

图说中国史. 元

龚书铎 刘德麟 主编

责任编辑	任学敏
特约审读	刘　晓
责任校对	袁晓红
封面设计	罗　雷
版式设计	蒋碧君

出版发行	四川人民出版社（成都市三色路238号）
网　　址	http://www.scpph.com
E-mail	scrmcbs@sina.com
新浪微博	@四川人民出版社
微信公众号	四川人民出版社
发行部业务电话	（028）86361653 86361656
防盗版举报电话	（028）86361653
印　　刷	艺堂印刷（天津）有限公司
成品尺寸	170mm × 240mm
印　　张	13
字　　数	200千字
版　　次	2019年6月第1版
印　　次	2024年1月第3次印刷
书　　号	ISBN 978-7-220-11123-5-01
定　　价	49.80元

以史为鉴，可以思接千载，视通万里，可以把握中国社会治乱兴替的内在规律，可以洞悉修齐治平的永恒智慧。然而，让人们全面深入地了解中国历史，掌握中国历史中所蕴含的深层次的东西，并不是一件容易的事。上下五千年之中，人物多，事件多，神话与传说并存，正史与野史交错，头绪繁多，内容庞杂，如果未经梳理就杂乱无章地堆积在一起，那么往往会使读者一头雾水。除了典籍史料所承载的历史之外，文物、遗址、古迹、艺术作品等，也同样反映着历史的真实性。如何把这些东西有机地组织在一起，让读者能够清晰明白地去了解历史，感受历史的真实性，无疑成为编辑出版“图说中国史”系列的缘起。

“图说中国史”系列按照不同的历史分期，通过新的体例、模式来整合讲述中国历史，内容涵盖政治、经济、军事、对外交往、文化艺术、思想、科技、社会生活等方方面面，以时间为经，以人物和事件为纬，经纬交织，全面反映每一朝代治乱兴衰的全过程。每一个故事都蕴含了或高亢激昂或哀婉悲痛的场景，让人们重温那一段历史，不断唤起内心尘封已久的记忆，与中国历史再次进行亲密接触，深入地寻绎历史中所蕴藏的民族智慧，感悟民族精神。随机穿插的知识花絮、专题和附录，有机而紧密地结合在一起，知识信息更为密集，从而营造出一种全息的历史镜像。我们力求用白描的方式展现中国历史的真实，把厚重的历史变得简明，让历史中的智慧能够有助于读者今天的生活。

正如 2019 年 1 月，习近平总书记在致中国社会科学院中国历史研究院成立的贺信中曾提到的——“历史是一面镜子，鉴古知今，学史明智。重视历史、研究历史、借鉴历史是中华民族 5000 多年文明史的一个优良传统……”从夏商周开始，到清王朝的灭亡，数千年的煌煌历史是中华民族宝贵的文化财富，它真实地记录了中华民族自强不息、厚德载物的奋斗过程，记录了光辉璀璨的中华文化和中华文明。在中国人民正为实现中华民族伟大复兴的中国梦而奋斗的今天，我们需要更加系统地了解中国历史、学习中华文化，以传承民族文化、启迪未来行程，才能够更好地认识过去、把握当下、面向未来。

目录

元朝

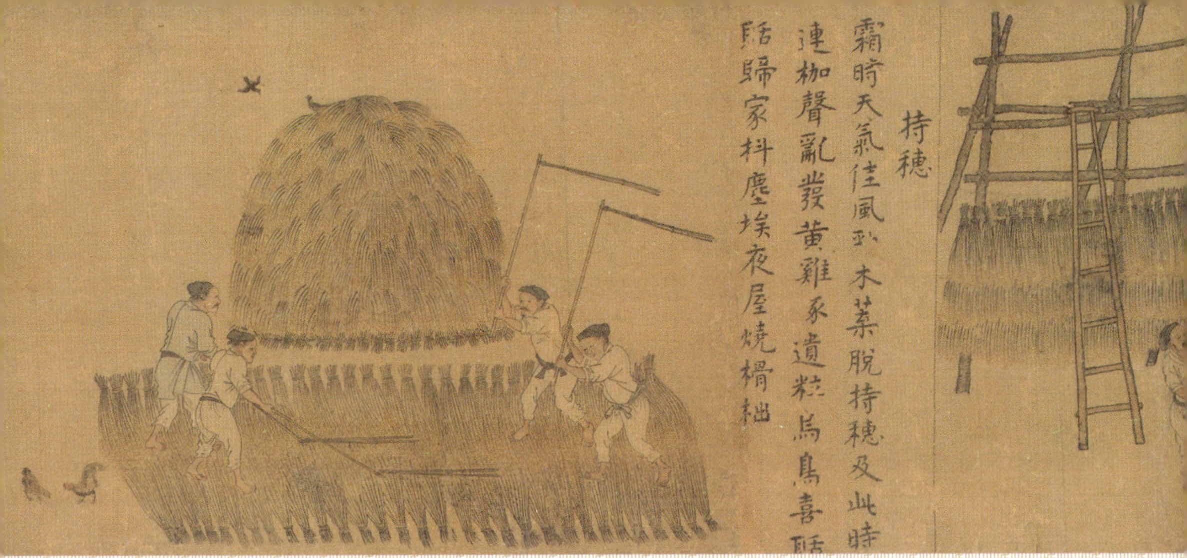
持穗
霜時天氣佳風勁木葉脫持穗及此時
連枷聲亂發黄雞啄遺粒烏鳥喜聒
聒歸家抖塵埃夜屋燒榾柮

元朝

中国社会科学院近代史研究所·韩志远教授

公元1271年~公元1368年

元朝是中国历史上蒙古族统治者建立的统一王朝，建都大都（今北京），其创建者为元世祖忽必烈。

蒙古族的祖先很早就生活在大兴安岭北段、额尔古纳河以东地区。唐代蒙古之名始见于史籍。蒙古族后西迁至蒙古高原，从事游牧畜牧业。金泰和四年（1204），蒙古族领袖铁木真统一了蒙古高原各部。泰和六年（1206），铁木真尊号成吉思汗，建国于漠北，国号大蒙古。蒙古国建立后，不断向外扩张。至蒙哥汗（元宪宗）时，已先后灭亡西辽、西夏、金、大理，并多次攻伐南宋。蒙哥死后，中统元年（1260），忽必烈在开平（今内蒙古正蓝旗东）即位。随后战胜了争夺汗位的阿里不哥（忽必烈之弟），平息了汉人李璮叛乱，巩固了统治。至元八年（1271），取《易经》"大哉乾元"之义，正式改国号为大元。次年，建都于大都。自成吉思汗（元太祖）建国起，历史上泛称为元朝。至元十三年（1276），元军攻陷临安（今浙江杭州），俘虏南宋恭帝赵㬎及全太后。至元十六年（1279），元军在厓山海战中消灭了南宋流亡官员和宋军残部所重建的新朝，南宋灭亡。

元朝自忽必烈定国号起，历11帝，凡98年。从成吉思汗建国算起，凡15帝，163年。元朝统一全国后的疆域是：北到西伯利亚，南到南海，西南包括今西藏、云南，西北至今新疆，东北至鄂霍次克海。

元朝的军、政体制与前代相比是较为健全的。中央政府的军、政统治机构，主要由中书省、枢密院、御史台构成。中书省领六部，主持全国政务；枢密院执掌军事；御史台负责督察。地方行政机构，分别为行省、路、府、州、县。行省是朝廷委派重臣到各地署事，行使中书省职权的简称。以后行省由中央临时派出机构转为地方常设的最高行政机构。除中书省直辖的腹里（河北、山东、山西）和宣政院管理吐蕃以外，元朝在全国设有岭北、辽阳、河南、陕西、四川、云南、甘肃、江浙、江西、湖广等十个行省。行省握有很大权限，统辖路、府、州、县的政务，钱粮、兵甲、屯种、漕运、军事，等等。元代行省制度是自秦汉以来中央集权制度的一个重大发展。

元朝军事制度是蒙古旧制和中原王朝军制的结合体。忽必烈建国后，保留了成吉思汗创立的四怯薛轮番入侍宿卫制度。元朝宿卫军队一般在万人以上，由皇帝或亲信大臣直接节制。担任京城（大都和上都）防卫的军队是侍卫亲军，到元末曾先后设置三十余卫，卫设都指挥使或率使，隶属于枢密院。镇守全国各地的是镇戍军。军队有蒙古军、探马赤军、汉军、新附军等。

元朝统一中国，结束了长期南北对峙的局面，加强了国内各地区、各民族间的相互联系，为全国社会经济的发展创造了有利的条件。元朝的经济仍以农业经济为主，但生产技术、垦田面积、粮食产量、水利兴修以及棉花的广泛种植等都超过了前代。元朝畜牧业的发展体现在牧地的扩大、牧养设施的改进等方面。元朝的手工业生产除官办作坊外，民间手工业比较发达，行业种类超过前代。特别是新兴棉纺业、毡业都已达到相当高的水平，瓷器、印刷业也有较大进步。由于驿传制度的完善和海运的开通，国内外交通空前发达，商业比唐、宋时代有了很大的发展。城市繁荣，盛况空前，出现大都、杭州、泉州、广州等闻名世界的大都市。元朝的国际贸易交往，东到高丽、日本，南到印度和南洋各地，西南通阿拉伯、地中海东部，西面远达非洲。元朝政府先后在泉州、庆元（今浙江宁波）、上海、澉浦（今浙江海盐南）、温州、广州、杭州等地设立市舶司，专门管理对外贸易。

元朝的文化艺术和科学技术有很高的成就。其中，天文学居于当时世界最先进地位，数学、医学也都在世界先进之列，戏曲与小说创作繁荣，元曲成为与唐诗、宋词并称的优秀文学遗产。

至正二十八年（1368）八月，明军攻陷大都，元顺帝北逃，元亡。以后，在漠北的元君臣仍沿用元朝国号，史称北元。

·人物·
成吉思汗

01

时间：12 世纪～13 世纪

蒙古部落的兴起

对于“蒙古”一词的含义，有学者说是“银”的意思，又有学者说是“勇士”的意思，而最能为人接受的解释则是“永恒的部落”。据有关专家考证，“蒙古”一词由长生天以及他们部族象征的炉灶之火两个词组合而成，之所以称为蒙古，是因为含有长生的、永恒的部族之意。

古老的民族

蒙古人最早以“失韦”之名见诸《魏书》，唐代称其为蒙兀室韦，辽、金时则以萌古、蒙古里、黑鞑靼等名见于记载。

蒙古人最初是以部落的形式散居在今贝加尔湖东南和黑龙江上游一带，12世纪时，蒙古部落分为两大集团：草原游牧部落和森林狩猎部落。前者人数较多，文化较高，畜养大批马、羊和牛群。他们以肉类和马乳为主要食物，不事耕植。后者人数较少，文化较前者落后，主要生

蒙古草原

活来源依靠狩猎和捕鱼，某些森林部落则驯养驯鹿，役使它搬运物品。他们常以毛皮换取草原游牧民的畜牧产品。

氏族制度的渐衰

12世纪，蒙古部落的社会制度开始表现出氏族制度的特征。他们依照血缘关系结成大大小小的氏族，几个氏族组成一个部落（斡孛黑）。当时，较大的部落有塔塔儿部、泰赤乌部、克烈部、乃蛮部和蔑儿乞部。这时，生产上已有某种程度的分工。有了“铁匠”和“木匠”等，说明生产力有了新的提高。蒙古人经常以牲畜、毛皮等物品与汉族等其他民族人民进行物品交换。在这些接触中，吸收汉族的先进技术，加速了蒙古社会经济的发展。12世纪后期，集体游牧（古列延）方式逐渐为个体游牧（阿寅勒）所代替。每户都拥有自己的畜群和帐幕。父亲的财产主要归幼子继承。所以，幼子被尊称为家主（额毡）。

私有财产的积聚，导致了贫富的分化，贫富分化使氏族成员中产生出显贵家族，其代表人物被称为“那颜”，意即官人、军事领主。他们利用自己的优越地位，把牧场和水源的支配权掌握在自己手里。“那颜”周围聚集一批“那可儿”（亲兵、战友），他们为“那颜”服役，“那颜”供给他们衣食，并分给他们战利品。此时的自由民是主要的放牧者，少数奴隶充当家仆或放马人。

这样发展下去，蒙古族的氏族制度趋向解体，流血与动荡相伴而生。各部落为了掠夺牧场和财富，经常互相残杀。生产遭到破坏，各部落间的物品交换也不再如往日那样繁荣通畅。当时，女真族建立的金政权正处于强势地位，他们对蒙古部落不断地进行掠夺杀戮。内不团结，外受凌辱，蒙古人承受着空前的痛苦。此时，“那颜”们为了巩固自己的统治地位，有了建立统一的蒙古国家的要求。这个历史重任落在了成吉思汗的肩膀上。

成吉思汗统一蒙古

成吉思汗（1162～1227），名铁木真，生于部落贵族家庭。他的父亲（额赤格）也速该是一位蒙古部落的首领，共有六个儿子，铁木

《元太祖成吉思汗像》·元·无款

《元史·太祖本纪》对成吉思汗的评价是："帝深沉有大略，用兵如神，故能灭国四十，遂平西夏。其奇勋伟绩甚众，惜乎当时史官不备，或多失于记载云。"

真是长子。也速该领有许多属民和"那可儿"，他曾获得"把那秃儿"（意为英雄、勇士）的称号。也速该在一次外出途中被塔塔儿人毒死，铁木真时年9岁。铁木真依靠亲兵的支持，首先树立对本部落的统治，然后打败了塔塔儿部、克烈部、乃蛮部，终于结束了各主要部落长期分裂的局面。

1206年，蒙古贵族在斡难河（今蒙古国境内鄂嫩河）畔举行"忽里台"（部落议事会）大会，公推铁木真为全蒙古的大汗，并上尊号为成吉思汗。

成吉思汗建立政权之后，首先建立了军政合一的行政机构。他把蒙古人按万户（土绵）、千户（敏罕）、百户（札温）、十户（阿儿班）等单位编制起来。从这些单位中，大约能够提供万人、千人、百人和十人的军队。所以，蒙古国家的行政单位，也是军事组织。氏族首领成了直属成吉思汗的万户长、千户长或百户长。这些职衔是世袭的。成吉思汗共封千户（那颜）95人。同时，对各级"那颜"分给不等的封地。蒙古平民也分别固定在某一个千户长的管理之下，凡是任意从某一"那颜"转到另一"那颜"的平民都要受罚。

其次，组织护卫军（怯薛）。护卫军是从"那颜"或自由民的子弟中选拔的勇士。他们不仅是成吉思汗的亲兵，而且是一支常备军。成吉思汗依靠这些护卫军对蒙古实行军事统治。

再次，制定法律。成吉思汗为了保护正在形成中的贵族阶层的利益，颁布新的法律（札撒）。法律规定：杀人、窃盗、收留逃奴、决斗中偏助一人者处以死刑。成吉思汗任命一个最高"法官"，负责全国刑事和民事案件的审理工作。成吉思汗还着手创立本民族的文字，设立管理宗教事务的机构，任命"别乞"对各种宗教实行兼容政策。蒙古在成吉思汗手上得到了统一。

蒙古贵族为了夺取财富，各部落统一后很快走上了扩张的道路。

1206年，成吉思汗率军开始进攻西夏。1209年，侵入西夏都城——中兴府（今宁夏银川），西夏被迫求和。1211年，蒙古开始伐金。1215年，攻陷金中都（今北京）。1218年，蒙古军队又转而侵入西辽故地。成吉思汗在伐金的战役中，不仅掠取了大量的金银、绸缎和牲畜，还俘获了汉族的各种工匠、技师，他们中间有些人是火炮制造者。于是，火药武器传入蒙古，从而加强了蒙古军的战斗力。

成吉思汗陵

位于今天内蒙古鄂尔多斯高原上。但这里只是衣冠冢，因为成吉思汗死后实行“秘葬”，埋葬地后世已不可考，所以其后代在蒙古高原上建立陵寝，供奉成吉思汗的神主。

·人物·
铁木真

02

时间：12 世纪 60 年代

孤儿寡母

历史上，合不勒可汗曾经统治过一个蒙古部族。他的妻弟赛因的斤病了，请塔塔儿的一位萨满来医治，没有效果，赛因的斤的亲人就把这位萨满杀了。塔塔儿人的首领木秃儿带兵前来复仇，被合不勒可汗打败杀死。塔塔儿人因此和合不勒可汗的部族结下了深仇。

英雄出世

合不勒可汗死后，他的侄儿俺巴孩被推选为可汗。俺巴孩汗和塔塔儿人的另一支结亲，他亲自把女儿送去，走到中途，被塔塔儿人俘虏了去，送给了金朝皇帝熙宗。熙宗把俺巴孩汗钉死在一个木驴上。

其后忽图剌当选为可汗，展开了对塔塔儿人的复仇战争，双方经过多次交战，忽图剌始终没能为俺巴孩汗报仇。

1162年（金世宗大定二年、南宋高宗绍兴三十二年），忽图剌的侄儿乞颜部的也速该带领部众攻打塔塔儿人，取得了胜利，活捉了塔塔儿的豁里不花与铁木真兀格。也速该返回斡难河边的营地，他的夫人诃额仑此时生下了一个男孩，也速该很高兴，索性为这个孩子起名铁木真，以纪念他所取得的胜利。这个铁木真也就是日后的蒙古大汗——成吉思汗。

幼年失父

因为也速该部和塔塔儿等部常年互相攻打，所以铁木真的童年和青年时代，是在争战动荡中度过的。铁木真9岁那年，也速该想替他物色一个妻子，于是把他带到他母亲的亲戚那里去。途中，也速该遇到了弘吉剌部的特薛禅，特薛禅听说也速该要给儿子找媳妇，就把自己的10岁的女儿孛儿帖许给了铁木真，并且要求留下铁木真住在自己家里，也速该答应了。

也速该辞别特薛禅，向斡难河的家走去。在叫扯克扯儿的地方，遇到失剌客额列的塔塔儿人在举行宴会。这时候，他又渴又饿，便按照蒙古人的习惯下马参加了他们的宴会。塔塔儿人认出了这是仇人也速该，他们表面上态度很友善，背地里却在饭菜中下了毒药。也速该在归途中就觉得不对劲，三天后，等他赶到家的时候，已经生命垂危。这时，也速该强忍着病痛，派人到特薛禅那里把铁木真接回来，还没等派遣的人出发，也速该就已气绝身亡。

铁木真回家，陪着寡母与三个同胞弟弟、一个妹妹和两个同父异母的弟弟，过着十分艰苦的生活，打击也接踵而来。首先他们被家族抛弃；接着，也速该原来的属部和武士们看到他们势力渐渐衰落，也都纷纷离去。铁木真兄弟六人，除了太小的两个，其余四人常在一起钓鱼射鸟，由于他们是同父异母的兄弟，之间竟然产生了派别。铁木真和合撒儿是一派，异母所生的别克帖儿与别勒古台是另一派。双方之间的矛盾日益尖锐，终于兄弟之间发生了一次火并，结果铁木真和合撒儿射死了别克帖儿。

逃脱灾难

泰赤乌部是当时蒙古较大部落之一，族长塔儿忽台乞邻秃黑为争夺汗位曾排挤铁木真母子，他担心铁木真长大以后会来报仇，就突袭了诃额仑母子所住之处。别勒古台不计前怨，帮助铁木真逃跑。铁木真在森林里躲避了九天，找不到吃的，只好束手就擒。塔儿忽台乞邻秃黑将铁木真上了木枷，押解到各个村营里示众。若干天过去了，在一个皓月当空的夜晚，铁木真乘泰赤乌部人在举行宴会，用枷锁打倒了看守人，飞奔逃走，又跳进斡难河仰面而泳，借着木枷的浮力顺流而下，遇到了锁儿罕失剌。锁儿罕失剌的儿子沉白、赤老温和女儿合答安都对他表示欢迎。父子四人卸开铁木真的木枷，将他藏在装羊毛的车子里。三天以后，塔儿忽台乞邻秃黑的人来搜查，搜到这个装羊毛的车子时，锁儿罕失剌说：“这么热的天，躲在羊毛里怎么受得了呢？”搜查者信以为真，铁木真躲过了这一劫。

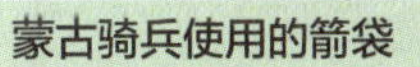
蒙古骑兵使用的箭袋

按照西方史学家的记载，蒙古骑兵外出作战时携带了大量的装备，每人要携带两到三张弓、三个装满箭矢的箭袋，还有战斧或者弯刀等近战武器。

铁木真脱险逃回了家，此时母亲与弟弟妹妹都已不在原住处了，他找了很久，终于在斡难河一条支流的小山里找到了他们。为了防备再遭袭击，他把全家迁到古连勒古山下。

·人物·
诃额仑

03

⏲时间：12世纪中叶

抢婚的风俗

古代很多草原民族都有抢婚的风俗，被抢者固然羞愤恼恨，抢劫者却并不因此受到社会道德的谴责，相反，人们只会责怪被抢者过于懦弱，竟然连自己的妻女都无法保护。称霸欧亚大陆的蒙古帝国的故事，就是从抢亲开始的。

抢来的妻子

在铁木真的家族中，抢亲的事情不止一次发生，她的母亲诃额仑就是他的父亲也速该抢来的。

一次，也速该在斡难河边放鹰打猎，忽然看见蔑儿乞部的也客赤列都骑着马，带着新娶的妻子路过。也速该垂涎这位新娘的美色，就马上跑回家，叫来了他的哥哥捏坤太石和弟弟答里台前去抢亲。看到这三条大汉如狼似虎地扑来，也客赤列都不禁心中发慌，急忙拨马向附近的一座小山上逃去，也速该兄弟三人催马紧紧追赶。围着小山跑了一圈后，也客赤列都回到他妻子诃额仑乘坐的车前，告诉她自己所遭遇的危机。

诃额仑对丈夫说：“我看那三个人的面色不善，一定想要谋害你的性命。你还是赶紧逃走吧，你保有性命，就如同我也保有性命一般。哪里没有帐房，哪里没有女人，你日后如果想念我，就把再娶的妇人也叫诃额仑吧。”说完，脱下衣衫给也客赤列都留作纪念，也客赤列都刚刚接过衣衫，也速该兄弟就冲了过来，他被迫匆忙拨马，朝着斡难河上游落荒而逃。

铁木真之母诃额仑雕像

斡勒忽讷氏，成吉思汗的生母。她凭借顽强的毅力和超人的才干，在血雨腥风之中成功抚养了铁木真兄弟，因其儿子“一代天骄”成吉思汗得以闻名于世。

也速该兄弟追了一程，没能赶上也客赤列都，就回来抢走了诃额仑。也速该牵着车子，由捏坤太石引路，答里台伴随保护，欢天喜地地回到部落。在路上，诃额仑放声痛哭说："我的丈夫头发不曾被风吹散，野地里不曾受过饥寒，如今逃去了，路途上将会如何艰难啊！"据说哭声使斡难河水涌起浪涛，使林荫川也为之呜咽。

答里台劝道："你丈夫山岭过得多了，水也渡得多了。你就算再哭，他也不会回头，连踪迹都很难寻见。你还是别再哭了吧。"因为抢亲在草原上本是常事，诃额仑哭了一阵，也就只好认命做了也速该的新娘，不久就怀上身孕。

诃额仑嫁给也速该之后，先后生下了铁木真、合撒儿、合赤温、帖木格四个儿子以及女儿帖木仑。当也速该遇害的时候，铁木真只有9岁，合撒儿7岁，合赤温5岁，帖木格3岁，而帖木仑还在摇篮里。

诃额仑苦撑危局

也速该去世之后，诃额仑带领着年幼的儿女坚强地生活着。在这一年春天祭祖典礼的时候，俺巴孩汗的妃子斡尔伯、莎合台去参加祭祖典礼，诃额仑去得比她们晚。到了以后，诃额仑就责问她们："难道是因为也速该死了，我的儿子长不大了吗？为什么祭祖这样的大事都不招呼我们一声？难道你们要独吞祭祖的胙肉，不辞而别吗？"面对诃额仑的责问，斡尔伯、莎合台齐声说："你有招呼来就要给你的特权吗？你有碰上了就要吃的理由吗？你有请来就享用的特权吗？你有到了就要分享的理由吗？你这是因为俺巴孩汗去世了才这样的吗？"她们恶狠狠地羞辱了诃额仑一番。

这件事过后，斡尔伯、莎合台看着他们孤儿寡母，便和泰赤乌部一起沿着斡难河离开了营地，独独丢下了诃额仑母子。

族中有位老人察剌合实在看不下去，便前往阻止，让他们留下来。泰赤乌部的脱朵延吉尔帖对察剌合说："深水已经干涸了，坚硬的明石已经破碎了，我们凭什么待在这儿！"说罢，一枪便把老人刺翻在地。

铁木真听到消息后，前去看望老人，老人说："你那贤明的父亲聚集的百姓现在都迁徙走了，我去阻拦他们，被打成这样子。"铁木真听

细密画《成吉思汗与妻子孛儿帖和儿子们》

成吉思汗有后妃40余位，但在所有后妃中，只有孛儿帖地位最高，居住在第一斡耳朵（斡耳朵即宫殿），是正宫皇后。孛儿帖也为成吉思汗生下术赤、察合台、窝阔台和拖雷四个儿子和五个女儿。

了老人的话，哭着离开了老人的家，向母亲诃额仑说明了情由。听到这个消息，诃额仑亲自拿着神圣的纛前去追赶，虽然追回了一半百姓，但不久之后，他们依然跟着其他人走了。

诃额仑凭借着仅有的几匹马，在无人帮助的情况下，艰难地养育着自己的子女，直到他们长大成人。

新妇被掳

铁木真长大后，他的岳父特薛禅遵守婚约，送女儿孛儿帖前来与铁木真完婚。新娘子带来了不少礼物，其中有一件黑貂鼠皮袄非常珍贵，铁木真想要趁便找个可以依靠的后台，就对自己的弟弟们说："从前我的父亲也速该和克烈部的王汗情投意合，结为安答（异姓兄弟），王汗就如同我的父亲一般，他如今住在土兀剌河边的黑林里，我不如去把这件黑貂鼠皮袄送给他。"

王汗的意思就是汗中之汗，他又称脱斡邻勒汗，是克烈部的首领。铁木真前往求见王汗，对他说："我新娶了妻子，她带来送给公婆的礼物，而我父早亡，您就像我的父亲一般，因此把礼物给您带来了。"王汗非常高兴，许诺说："你离了的百姓，我帮你收拾，散漫了的百姓，我帮你完聚。我心里会好好记着这事的。"自此，王汗便成了铁木真的靠山。

从王汗处回来后不久，某日清晨，诃额仑使唤的老妇人豁阿黑臣突然叫醒主人，说："您快起来，我听到田地颤动的声音，莫不是经常来骚扰伤害咱们的泰赤乌部又来了？"于是铁木真一家迅速行动起来，离开营地，各自躲藏。作为主人的铁木真骑一匹马，牵一匹马，妻子孛儿

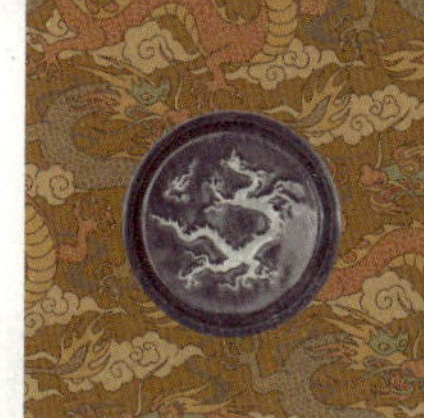

帖无马可骑，就由豁阿黑臣驾着牛车逃往树林中。

因为逃得太匆忙，牛车的车轴不幸折断，被追赶者赶上。对方问道："这车里有什么人？"豁阿黑臣惊慌地答道："只是一车羊毛。"对方不信，扯开车门一看，见是一个年轻的妇人，就拖下车来。原来他们并不是泰赤乌部人，而是三姓蔑儿乞人，为报当年也速该抢走了也客赤列都的妻子之仇，前来袭击他们，当他们看到美丽的孛儿帖，就把两人连车都掳走了。

夺回孛儿帖

铁木真在不儿罕山里躲藏了三宿，才敢出来寻找家人，当他听说妻子被掳，连异母兄弟别勒古台的生母也被捉去，他就带着兄弟们前往投靠王汗。王汗安慰他说："去年你送来貂鼠皮袄，我曾说你离散的百姓，我帮你收聚，此事常在心间。如今我信守承诺，去灭掉蔑儿乞人，拯救你的妻子孛儿帖。你先去告诉札木合兄弟一声，我这里起兵两万给你做右手，叫札木合起兵两万给你做左手，约定会合的日子吧。"

札木合此时已是部族首领，他年幼时曾与铁木真结为安答。他听说了这个情况，果然点起兵马前来救应。双方在斡难河的源头会师。于是大军杀向蔑儿乞人，蔑儿乞首领脱黑脱阿兵败逃走，其族人百姓连夜沿着薛凉格河，四散奔逃。铁木真在后面追赶，不停地呼唤着妻子孛儿帖的名字。孛儿帖听到丈夫的声音，匆忙跳下车子，和豁阿黑臣一起跑过来，扯住铁木真的缰绳——夫妻终于重逢了。

原来那也客赤列都是脱黑脱阿的兄弟，因此脱黑脱阿派人抢来了孛儿帖，就赏给自己另外一个兄弟赤勒格儿为妻，两人已经生活了一段时间。等铁木真抢回妻子，赤勒格儿非常害怕，说："我如同一个黑老鸦般，命里只能吃残肉，却想要吃大雁，因此才会惹恼了孛儿帖。"说罢，他撇下孛儿帖，仓皇逃走。

此时，孛儿帖已经有孕，被夺回来不久，就生下一个儿子。这孩子是铁木真的长子，但当时有谣言说，孩子不是乞颜人的种，而是蔑儿乞种，连铁木真本人听了，心里都有点生疑。于是他给儿子起名为"术赤"，意思为"尊贵的客人"。

·人物·
铁木真
札木合

04

时间：12 世纪

兄弟反目

铁木真与札木合是草原上的“安答”——结拜兄弟。如果要追溯起来，铁木真与札木合还算是远房本家，但在血缘上他们并无关系。当年，铁木真的远祖孛端察儿曾劫来一妇人做自己的妻子，而这位妇人被劫时已经怀有其前夫的孩子，这个孩子即是札木合的远祖。

一语生隙，分道扬镳

铁木真与札木合在草原上都有自己的地位，他们互相帮助，在草原上形成一股强大的势力。当时札木合的势力远较铁木真强大，其部族在当地颇具影响力。札木合为人讲义气，作战极为内行。当铁木真的妻子孛儿帖被蔑儿乞人抢去以后，札木合动员了两万多人前往助阵，替铁木真报了夺妻之仇。并且札木合自己还说，这两万人中的一半，原是也速该的“旧部”，这些人在也速该死后迁到北方、散居在札木合的领土上。最后，这些人归了铁木真。

他们共同打败蔑儿乞人，铁木真夺回妻子之后，王汗、札木合欢聚畅饮。在回去的路上，铁木真、札木合二人来到豁儿豁纳黑川，想起当年就是在这里结拜为异姓兄弟的。当时铁木真才11岁，札木合也10多岁的时候，他们在王汗的家中初次相遇。二人一见如故，便结成了“安答”。

回想起往事，铁木真说：“听老人们常说，但凡做安答啊，就是如同同一条命样地不相舍弃，要用自己的生命来救护对方，相亲相爱到永远。如今咱们再来相亲相爱一番吧。”于是，二人再次结拜，铁木真把从蔑儿乞人处抢来的金腰带给札木合系上，又赠给了他一匹好马，札木合也还以同样的礼物。

就是这样一对龙兄虎弟，后来竟然闹得不欢而散，反目成仇，大动干戈。事情的起因是这样的：既然相亲相爱，两人就商定驻扎在一处，共同打猎放牧。相处了一年多之后，有一天札木合突然说：“咱们如今挨着山下，放马的就有帐房住；挨着涧下，放羊的就有食物吃。”铁木真闻言愣住了，回家后就对母亲诃额仑转述了这话，说：“我不明白他的意思，也不好回应。”诃额仑还没回答，孛儿帖先说：“人们都说札木合安答喜新厌旧，如今说这话，区分放马的、放羊的，分明是厌倦了和咱们在一起，说不定还想图谋咱们。

咱们还是连夜离开吧，不要落入他的算计。”

孛儿帖所言并非无的放矢，铁木真也感觉到札木合对自己的态度日渐冷淡。原因是多方面的，一则铁木真在王汗的庇护下收拢乞颜旧部和其他蒙古部众，实力日益强大；二则铁木真在部族内进行一系列改革，集中了自己的权力，也消除了很多旧的部族制的传统。这两点都是札木合所不愿意看到的。于是铁木真就听取了妻子的建议，连夜率众离开，跟随他的各蒙古部落络绎不绝，而札木合却并没有如孛儿帖所说的派人来追。这对兄弟就这样不明不白地分道扬镳了。

三军交战，终分胜负

离开札木合后，铁木真四处搜罗人才，许多部落首领也率部来归，加上札木合当时招集来的一万也速该旧部，铁木真的势力逐渐强大起来了。此时，札木合对铁木真的举动似乎并无太大的反应。而次年，札木合的弟弟给察儿带领一些人盗走了铁木真属部札剌亦儿人拙赤荅尔马剌的马群，拙赤荅尔马剌在追击过程中将给察儿射死，这件事终于成了两兄弟之间反目的导火索。

铁木真不断扩大自己的势力，走向统一蒙古草原的大业，而札木合则四处飘零，辗转于蒙古各草原部落之间，投靠不同的人与铁木真作对。最后他英雄末路，身边只剩下五个随从。有一天，这五个随从将札木合绑了送给铁木真邀功，铁木真杀掉了五个随从。铁木真打算宽恕札木合，札木合则说：“我想起以前说过的话，羞愧得不敢和你相见。如今你想要留下我做伴，可是该做伴的时候不得做伴，如今你将百姓收了，大位子定了，我已经没有理由和你做伴。你若不杀我啊，好似衣领上虱，被窝里刺一般，反使你日间心不安，夜间睡不稳。”札木合要求不出血而死，要铁木真照料好自己的族人。铁木真无奈之下，成全了札木合的愿望，兄弟俩的恩怨就此结束。

成吉思汗陵内供奉的金马鞍

鞍和马镫是马具中重要的发明，正因为它们的出现，骑手们可以在高速的奔驰中随心所欲地使用刀剑和长矛劈砍或刺杀，也促进了骑兵时代的到来。

·人物·
铁木真
札木合

05

⏲时间：1189 ~ 1206

十三翼之战

十三翼之战是铁木真统一蒙古草原过程中的重要战役。铁木真和札木合两兄弟由亲密无间到产生矛盾和冲突，正好揭示了庞大的蒙古帝国得以产生的重要根源。而十三翼之战正是这个历史的序幕。

札木合纠兵

这次战争的根本原因在于两兄弟之间地位和势力的变化。1189年，当铁木真被许多部族拥为可汗的时候，札木合心里很不满。他们兄弟俩已经开始有裂痕。后来札木合的弟弟给察儿因盗走铁木真属部札剌亦儿人的马群而被射杀。札木合终于找到跟铁木真算账的借口了。1190年，他以为弟弟报仇为名纠集了泰赤乌等十三个部族，总兵力约三万人马，准备向铁木真发起突然进攻。不料札木合部下有个想投靠铁木真的亦乞列思人得知消息，马上报告了铁木真。

铁木真得到这个消息，由衷感谢并重赏了亦乞列思人。尽管此时面临大敌，他也不会忘记报答对他做出过贡献的人们。铁木真立刻组织部众准备迎战。

铁木真溃败

但札木合的三万人的兵力对铁木真是个重大的考验。他虽然早已对这场预想中的战争有了一定的心理准备，但心头仍然不免沉甸甸的。他召集了自己的几位亲信将领博儿术、木华黎、速不台、忽必来、赤老温等以及自己的四个弟弟商量对策。他们选择了一个天然的防御地点哲列谷迎战札木合。那里是沼泽地形，骑兵也不容易冲进来，也可防止他

们背后追杀。

铁木真将自己的部众组成十三翼（古列延，或译圈子）迎敌。十三翼中只有那可儿和怯薛是铁木真直属的部众，其余大部分是与孛儿只斤——乞颜部有血缘关系的部落或氏族。这样，铁木真也凑足了三万兵力，前往应战。铁木真和札木合在哲列谷的答兰版朱思（今蒙古温都尔汗西北）遭遇，恶战一场，结果铁木真溃败。这就是历史上著名的“十三翼之战”。

铁木真失败后，只得向西奔逃，一逃便逃了300余里。他逃到了斡难河上游的狭地。札木合则在得胜之后也不放过泄愤的机会，将那些亲铁木真的部族族长捉来活煮，据说煮了70多锅。这种暴行引起了很多部族的不满，许多札木合的人都不约而同地纷纷离开札木合而来投靠铁木真。铁木真虽吃了败仗却赢得民心，转祸为福，壮大了自己的力量。

这第一次大战孰胜孰负，倒是值得评说。札木合不但没有因此感觉到危机，反而集中十一个部族，自称“古儿汗”（即菊儿汗，意为众汗之汗）。札木合的这些措施和他的骄傲自大的个性造成了他日后的失败。对铁木真而言，这是自己主持的第一次战役，虽然大败，却得了民心，离他得天下也就不远了。

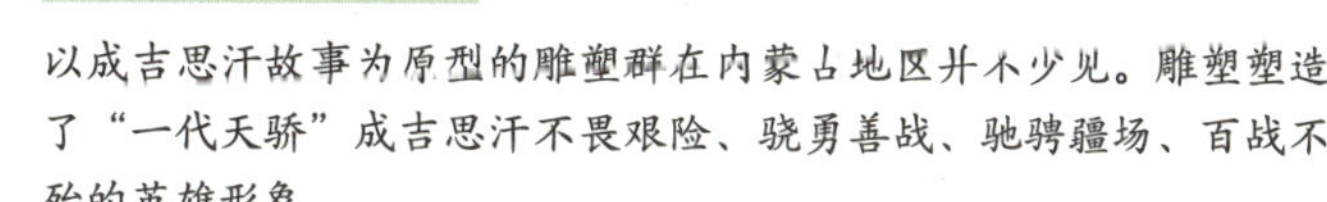

成吉思汗故事雕塑

以成吉思汗故事为原型的雕塑群在内蒙古地区并不少见。雕塑塑造了“一代天骄”成吉思汗不畏艰险、骁勇善战、驰骋疆场、百战不殆的英雄形象。

时间：12 世纪

义父子成为敌手

铁木真的父亲也速该曾帮助王汗恢复汗位，后来王汗将铁木真收为义子，但部族之间错综复杂的恩怨情仇，最终让这对义父子成为敌手。

王汗的往事

王汗之所以成了铁木真的义父，这还得追溯到铁木真父亲也速该在世的时候。王汗与也速该有过密切的关系。王汗在自己的四十个兄弟中排行老大，继承了父亲的汗位，成为克烈部人的首领。即位以后，他杀了两个弟弟，撵走了一个弟弟。他的叔父对他的汗位觊觎已久，这回得了口实，率兵来打，将他击溃。当时，王汗只剩下了一百多人，沿着色楞格河逃往了蔑儿乞人那里，为了寻求保护，他把女儿送给了脱黑脱阿。后来，他又投奔也速该，也速该替他击溃了他的叔父，将之赶到了西夏，王汗得以恢复汗位。后来，他被金朝封为王，“王汗”的称谓就是从此而来的。

义父子交恶

这对义父子为什么后来闹得大动干戈？原因有二：首先，王汗和铁木真打败了蔑儿乞人后，王汗瞒着铁木真独自将蔑儿乞人的人口、牲畜和牧地全部抢去；其次，在和铁木真攻打札木合的时候，在没有征得铁木真同意的情况下，王汗单独接受了札木合的投降。如此种种，为这对义父子之间的冲突埋下了祸根。

面对王汗的这些举动，铁木真虽然不高兴，但也无话可说。铁木真为了巩固与王汗的关系，打算和王汗亲上加亲：他告诉王汗自己打算为儿子术赤娶王汗的孙女为妻，而将女儿豁真别乞嫁给王汗的孙子秃撒合。这一提议遭到王汗的儿子桑昆的拒绝，两家的友谊从此一落千丈。此时，正在王汗父子身边的札木合又挑拨说，铁木真正暗中勾结南部乃蛮的太阳汗，对王汗有所图谋。

也许是念及当年也速该对自己的恩情，王汗本人并没有要和铁木真进行火并。倒是铁木真的那些本家，还有王汗的儿子桑昆想与铁木真较量一番。他们合计好了，派人告诉铁木真说结亲的事王汗已经答应，请铁木真来喝“许婚酒”。铁木真就带了十个

随从前来。走到半路，他的随从蒙力克提醒他此请可能有诈，于是铁木真掉转马头回家，只派了两个随从代表自己去王汗处。桑昆等人此时就怂恿王汗对铁木真动武。王汗听信了谗言，对铁木真发动突然袭击，将铁木真击败。

宴会突袭

战败之后，铁木真只剩得两三千人马，四处逃散。最后，他们逃到班朱尼河驻扎下来。这里没有人烟，没有粮食，他们只能喝浑水解渴，射野马为食。这段时间，是铁木真在统一全蒙古过程中最艰苦的日子。所以，当他完成统一大业以后，把“同饮班朱尼河水”的人都封为功臣。

后来，铁木真一直退到贝尔湖以东的地方，他一面向王汗求和，一面趁机收集溃军。不久，他的军事实力又恢复了。王汗却骄傲麻痹，在自己的驻地欢庆胜利。铁木真派去了人对札木合与王汗的一些部族进行分头传话，成功离间了他们的关系，不久，王汗内部发生了分裂。铁木真暗中派兵包围了王汗的驻地，发起突袭。王汗与其子桑昆仓皇逃走，在侍卫的保护下逃到鄂尔浑河畔，躲过一劫。不料逃到乃蛮境内的时候，却被当作强盗杀死。铁木真在不到一年的时间里就彻底击败了王汗，向统一蒙古的大业又迈进了一大步。

成吉思汗雕塑群

2006年，由著名雕塑家何鄂设计的内蒙古鄂尔多斯市的《成吉思汗雕塑群》创造了当时全球规模最大的青铜雕塑纪录。

·人物·
铁木真

07

⏲时间：*1204 ~ ?*

吞并乃蛮

13 世纪初期，铁木真统一了蒙古的中部和东部。当时的蒙古草原上，就只剩下了乃蛮部有能力与其对抗。1204 年，乃蛮太阳汗与铁木真爆发了大决战。

乘其不备攻乃蛮

乃蛮当时已经分为南部乃蛮和北部乃蛮。乃蛮的君主亦难察在死后，他的两个儿子，也就是后来的太阳汗和不亦鲁黑汗，因为争夺他的小老婆古儿别速而分了家，哥哥太阳汗争得古儿别速，割据南方，弟弟不亦鲁黑汗割据北方。这便有了所谓的南部乃蛮和北部乃蛮。

铁不真曾经袭击不亦鲁黑汗与太阳汗各一次。而那时蒙古各部族也在矛盾中纷争不已，南、北乃蛮都曾和铁木真结过仇、交过手。而当铁木真击败王汗，王汗逃到太阳汗的边界，死在成将豁里速别赤手里时，太阳汗感到铁木真对自己也已经构成了威胁，便准备讨伐铁木真。

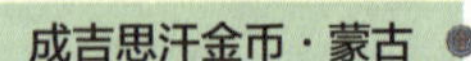
成吉思汗金币 · 蒙古

此金币是成吉思汗打败札兰丁之后，命窝阔台在加兹尼（位于今阿富汗东部）铸造的。金币上只有阿拉伯语文字，没有图像。

岂知铁木真不等太阳汗来打，就先发制人。1204年春，铁木真在帖麦该川（今内蒙古哈拉哈河南）召开部落大会，讨论征伐乃蛮。大多数的将领认为现在是春天，马匹瘦弱，粮草不足，不适合发动战争。但铁木真的两个弟弟斡惕赤斤和别勒古台却认为应该攻其不备，以奇制胜。铁木真听取了他们的意见，发兵攻打乃蛮。

太阳汗战死沙场

太阳汗见铁木真长途奔袭，马匹又很瘦弱，想采用诱敌深入的办法，先拖垮铁木真的军队，然后再发动进攻。可是他手下的猛将豁里速别赤却坚决反对，并拿太阳汗父亲的勇猛来刺激太阳汗。太阳汗不肯承认自己的懦弱，于是出兵抵抗。他在阿尔泰山聚集自己的部众，渡过鄂尔浑河，在纳忽山崖列阵迎敌。

铁木真亲自率领先锋军出战。他的马匹虽瘦弱，但军心统一，军容严整，气势上胜过乃蛮。双方一交战，太阳汗的部队

就开始退却和逃跑。太阳汗一退再退，最后被铁木真军队围在山岭间。此时，已经是夜里，双方厮杀起来，乃蛮兵自然不是对手。加上乃蛮的军队被铁木真的军队击溃以后，很多士兵由于恐慌逃跑，掉进了山崖下的深渊。结果，太阳汗也受了重伤，昏迷不醒，被带到一个山坡上。豁里速别赤见太阳汗已经奄奄一息，于是带领士兵冲下山坡和铁木真部激战。铁木真很钦佩他们的坚贞，想活捉他们，让他们为自己效力，可是他们直到战死都没有人投降。铁木真乘胜进军，征服了太阳汗所属的乃蛮部众。

屈出律逃亡他乡

战斗结束后，蒙古各个部落都知道了，他们中的很多部落都臣服了铁木真。太阳汗的儿子屈出律逃到他的叔叔不亦鲁黑汗那儿。1208年秋，铁木真亲征他的最后一批“反叛者”。没费多少时间，屈出律被击溃。南部乃蛮和北部乃蛮被铁木真相继消灭。

太阳汗的儿子屈出律并未战死，他逃到了西辽，成了西辽驸马。屈出律在西辽暗中建立自己的势力，阴谋篡夺西辽帝位。1211年，他趁西辽皇帝外出的机会夺取了西辽帝位，当了七年的皇帝。七年后，铁木真派哲别攻打西辽，屈出律最终死在了哲别的手中。

蒙古骑兵押送战俘图

这幅具有西域特色的古画，描绘了蒙古军队在西征中用木枷押送战俘的场面。该画是波斯史学家拉施特《史集》中的插图。

08

时间：1206

铁木真称汗

挫折和灾难磨炼了铁木真的意志，他决心恢复父亲的事业。他懂得单凭自己的力量是不能战胜敌人的，只有利用蒙古各部之间的矛盾，取得一些部落主的支持，才能壮大自己的力量，打败敌人。

统一东部蒙古

铁木真和当时势力强大的王汗和札木合分别结为义父子和兄弟，取得他们的支持。在他们的帮助下，铁木真开始恢复元气，许多旧时的部属又纷纷回来了。铁木真对部族进行了一些改革，加强了控制，把权力牢牢抓在自己手里。1189年，铁木真被拥戴称汗。

铁木真的强大引起了札木合的不快。于是，兄弟反目，发生了历史上著名的“十三翼之战”。后来，铁木真经过一系列对札木合的战争，不断取得胜利。但在札木合的挑唆下，加之铁木真和义父王汗之间也产生了一些矛盾，王汗也在担心一天天壮大的铁木真，故而，铁木真和王汗之间发生战争也在所难免。最终，铁木真打败了王汗，夺取了王汗所属的土地和部族。

成吉思汗骑马像

少年时期的艰险经历，培养了铁木真坚毅勇敢的个性，使他从苦难中崛起，成为统一蒙古、继而征服欧亚大陆的“一代天骄”。

大会斡难河

铁木真击败王汗后，面前有两个敌人乃蛮部和塔塔儿人。这两个敌人一个是强大的草原部落，必须要消灭的对手；一个是和他有着杀父之仇。因此消灭他们也势在必行。铁木真开始策划吞并塔塔儿和乃蛮的战争。1202年，铁木真全歼了塔塔儿人，报了杀父之仇。1204年，铁木真消灭了乃蛮部太阳汗。铁木真逐一击溃强敌，最后统一了蒙古高原上的游牧部落，成为蒙古高原最强大的统治者。从此，铁木真的威名震动了蒙古高原，其他部落再也不敢同他争锋了。这样，铁木真就基本完成了统一全蒙古的大业。

1206年春，各部落首领在斡难河源头召开忽里勒台（大聚会的意思），铁木真被一致推举为全蒙古的大汗，并且上尊号为成吉思汗。这一年，铁木真44岁。巫师进言："如今地上称为古儿汗的各国君主都被你征服，其领土都归你治下，因此你也应该有普天下之汗的尊号。上天旨意，你的称号应为成吉思汗。"至于"成吉思"的意思则有不同解释，有说为"天赐"之意，有说为"坚强有力"之意。但近人多采用伯希和的说法，认为它源于突厥语的"海"，是"大海"的意思。

油画《斡难河称汗》

1206年，铁木真统一蒙古各部，诸部聚会于斡难河源，竖九斿白旗，共推铁木真为全蒙古大汗，上尊号为成吉思汗。

·人物·
速不台

09

⏲时间：1176 ~ 1248

“四獒”之首速不台

速不台（1176 ~ 1248），又作雪不台、速别台、速别额台等，蒙古名将，蒙古兀良哈部人。他骁勇善战，有“把阿秃儿”（勇士）之称，与者勒蔑、哲别、忽必来并称“四獒”。他跟随成吉思汗灭克烈、并乃蛮，统一漠北诸部，战功卓著。王恽所撰《兀良氏先庙碑铭》称：“公深沉有谋略，善于用兵，勇敢无前，临大事有断。”

“把阿秃儿”速不台

速不台一开始是作为人质效力于铁木真的，由于他忠诚勇敢，很快就做到了百户长。他以勇猛著称，被称为“把阿秃儿”。他在铁木真统一蒙古高原各部的战争中作为“朵儿边·那孩思”（四獒）之首而闻名漠北草原。1206年，他被成吉思汗封为千户长。

1211至1215年间，他成为伐金战将。在1212年进攻桓州城（今内蒙古正蓝旗）时，他率先登城获捷。因此功，成吉思汗赐给他一车金帛。

1217年，他主动请兵讨蔑儿乞余部，得到成吉思汗的嘉许，并赐给他铁轮车。进军时，速不台装作是携家而逃的人。蔑儿乞部看到后信以为真，便不加防备。速不台大军进至垂河（今中亚楚河），遂将蔑儿乞部歼灭于此。

另据波斯史学家拉施特所著《史集》记载，速不台灭蔑儿乞部后，花剌子模的摩诃末已进军至锡尔河以东。成吉思汗传令速不台，如果遇花剌子模的军队，不要和他交战。但速不台遭到摩诃末的进攻，他被迫应战，结果，几乎把摩诃末俘获。速不台之骁勇善战由此可见一斑，故有“把阿秃儿”，即勇士之誉称。

西征之役

1219年，速不台随从成吉思汗开始西征。第二年春，蒙古大军进攻摩诃末所在的撒麻耳干城（今乌兹别克撒马尔罕）。已是速不台手下败将的摩诃末弃城而逃。成吉思汗下令速不台与哲别等继续追击。他们在渡过阿姆河追到当时波斯最美丽的城市之一你沙

不儿（今伊朗东北境的尼沙普尔）以后，分道追击。速不台率军攻略波斯境内的许多城池，与哲别一路穷追猛打，最后，摩诃末逃到了宽田吉思海（今里海）的一个小岛上，不久病死。随后，速不台与哲别在进军途中，一路攻略不断，横扫当地城池无数，取得了辉煌的军事胜利。

速不台在西征之役中立下赫赫战功，成吉思汗为此表彰说："速不台枕干（盾牌）血战，为我家宣劳，朕甚嘉之。"并赐给他大量的宝珠和银罂。随后，速不台向成吉思汗奏请将蔑儿乞、乃蛮、克烈、杭斤、钦察等诸部千户，统立一军，得到成吉思汗允许。

1226年，速不台随从成吉思汗出征西夏，一举攻下撒里畏兀儿等部，并攻取金临洮路和凤翔路一些州县。1227年，在外征战的速不台闻知成吉思汗死讯，自西征途中返回蒙古。

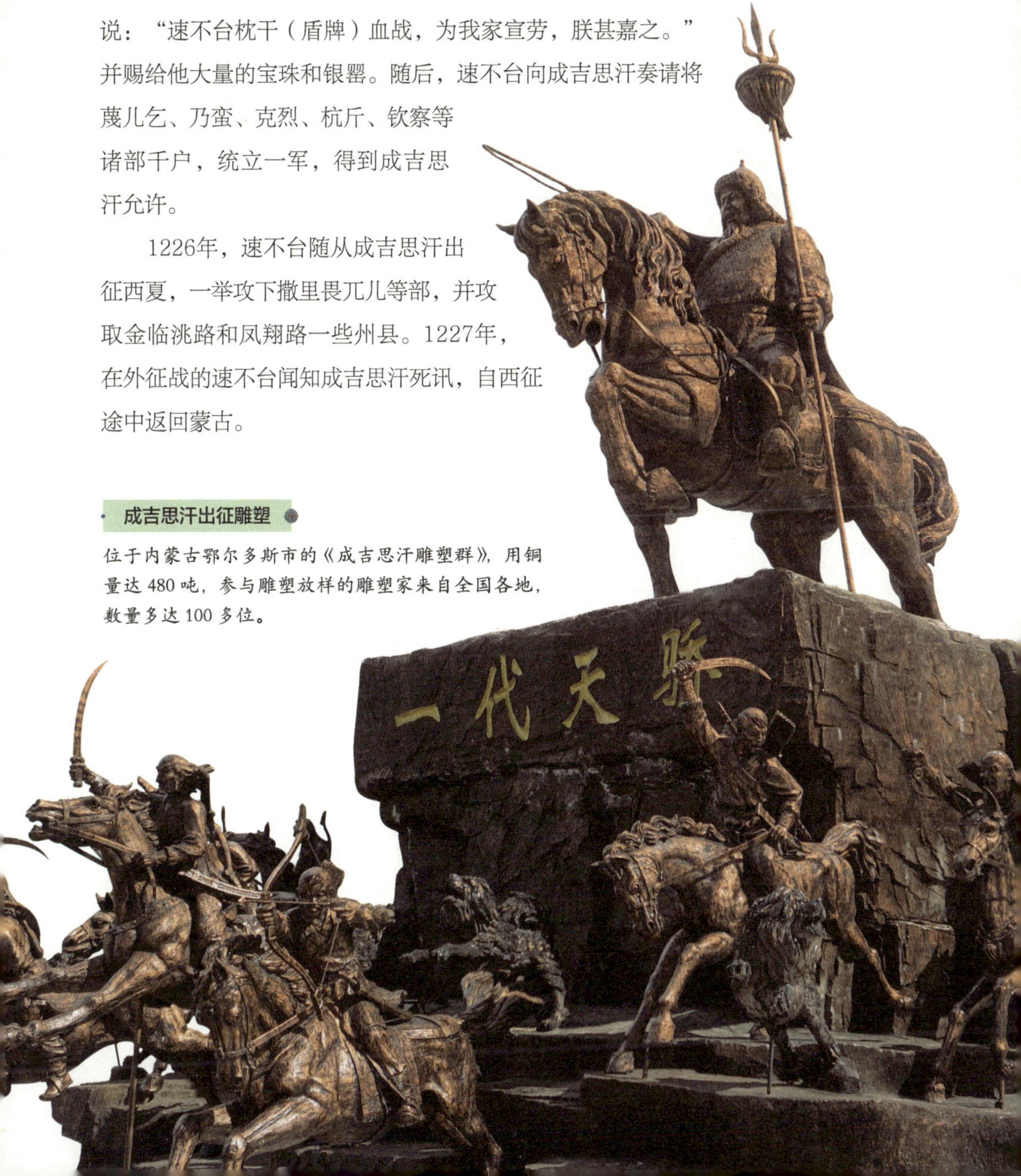

成吉思汗出征雕塑

位于内蒙古鄂尔多斯市的《成吉思汗雕塑群》，用铜量达 480 吨，参与雕塑放样的雕塑家来自全国各地，数量多达 100 多位。

灭金功臣

1229年，窝阔台即汗位后，把秃灭干公主下嫁给速不台。不久，窝阔台决定开始南下伐金，速不台自然成为军中主将之一。但在1230年，速不台进攻潼关时失利，窝阔台随即重责速不台。拖雷出来为速不台辩解，称“兵家胜负不常”，给了速不台一个将功补过的机会。从第二年春天起，速不台就在拖雷手下效力，并成了拖雷右翼大军的主将，他率军先攻克了陕西宝鸡，进入大散关。然后，他一路辗转作战，绕道南宋境内的凤州（今陕西凤县东北）、兴元（今陕西汉中）、洋州（今陕西洋县）、金州（今陕西安康）等地，最后率军渡过汉水一直向北，兵锋直指宋朝旧都汴京（今河南开封）。

拖雷与速不台成功完成了右翼的战略迂回运动作战后，1232年正月，窝阔台即率中军渡过黄河，开始东向攻下郑州，对汴京形成钳形攻势。金军方面，此时驻守潼关的完颜合达正统率金军主力军南下堵截拖雷的右翼攻击，却未能阻挡拖雷和速不台的攻势。此时，汴京告急，他又奉金帝之命转向东北援救。

在蒙古军队进至钧州（今河南禹州）西北的三峰山时，遭到了金兵的包围。蒙古军队处境危难。速不台向拖雷献计说：“城居之人不耐劳苦，数挑以劳之，战乃可胜也。”恰巧，天助蒙古军不助金军，老天突然变脸，风雪大作，蒙古军队乘机进攻，歼灭了金军精锐部队，取得大胜。经过三峰山之役，金军已无力抵御蒙古军队的进攻，蒙古军队很快攻占汴京周边的大部分地区。1232年，窝阔台与拖雷先期北返，留下速不台统帅各路蒙古军队，围攻汴京。

金帝完颜守绪派使者议和，但金方后来却将蒙古使者杀死，和谈破裂。蒙古军队开始进攻金都，金都汴京陷入混乱。年底，金帝完颜守绪逃离都城，开始了他的流亡生活。金都汴京西面守城元帅崔立投降蒙古。1233年，速不台在青城接受崔立献送的金朝后妃、宗室和宝器。

速不台杀死金朝的宗室近臣之后，把金后妃与宝器遣送给窝阔台。进入汴京后，速不台企图屠城。然而当时汴京已十分萧索，饥人相食。耶律楚材进谏速不台，速不台接受了他的建议，下令城内居民北渡黄河自寻活路。

此时，金帝逃奔到蔡州（今河南汝南）。1234年，蒙古军与宋军南北夹击攻下蔡州，金帝完颜守绪自缢身亡，至此，金朝灭亡。

速不台二度西征

1235年，大汗窝阔台决定再度西征。速不台因识兵机，有胆略，被任命为西征先锋。西部残余势力，听到速不台率军前来，都逃得远远的。1236至1237年冬天，蒙古军队驻扎在哈班河谷，先派速不台率

军进攻不里阿耳（今俄罗斯维亚特卡—波利亚纳）和阿兰，不久后继主力部队也纷纷进军。速不台做先锋，一路攻下斡罗思（即俄罗斯）人的梁赞公国（今俄罗斯梁赞市）、弗拉基米尔公国（今俄罗斯莫斯科东北）和基辅公国以及阿兰、钦察、不儿塔、莫尔多瓦诸部。

1241年，以速不台为先锋的蒙古军队开始进攻马扎儿部（今匈牙利）。速不台出奇计。他先将马扎儿军队诱至宁河（今匈牙利东部的索约河）。速不台从下游水深处结筏潜渡，绕出敌后。其他部队在上游水浅有桥处，先乘马过河作战。渡河后，因敌人尚众，一些西征王公主张不要再进攻了。速不台对他们说："你们想回就自己回去，我不到秃纳河马茶城（今布达佩斯）是不会回去的。"最终，速不台进军到马茶城。

1242年，窝阔台病逝。消息传到西征前线后，速不台返回蒙古。1248年，他在自己的营地秃剌河去世，卒年73岁。

细密画《长子西征》

"长子西征"是大蒙古国的第二次西征。以成吉思汗之孙拔都任统帅，诸王子贵由、蒙哥等从征，因为各支宗室均以长子统率军队，所以被称为"长子西征"。

·人物·
木华黎

10

时间：1170 ～ 1223

名将木华黎

木华黎，姓札剌儿氏，他的家族世代居住在斡难河的东岸。父亲孔温窟哇，效力于成吉思汗麾下，曾参与平定蔑儿乞，征讨乃蛮部，屡立战功。后来乃蛮部再次叛乱，成吉思汗与手下六个骑士逃走，半路上没有东西吃，孔温窟哇抓来一头骆驼杀了，烤熟后献给成吉思汗；追兵眼看就到了，而成吉思汗的坐骑倒毙，其余五个骑士面面相觑，惊愕不已，孔温窟哇把自己的坐骑让给成吉思汗使其离去，而孔温窟哇则因抵挡追兵而战死。

忠心事主

孔温窟哇有五个儿子，木华黎（1170～1223）是第三个儿子。据说，木华黎出生时有白色的气弥漫于帐中，神巫非常惊异，说："这是一个非同寻常的孩子。"他长大以后，性格沉稳坚毅，足智多谋，长了一双猿猴般的长臂，擅长射箭，能挽二石的强弓。

木华黎铜像

木华黎以沉毅多智、雄勇善战著称，被铁木真誉为"犹车之有辕，身之有臂"。

约在1197年，孔温窟哇把木华黎和另一个儿子不合送给成吉思汗做"梯己奴隶"。成吉思汗曾经作战失利，正赶上天降大雪，迷失了军帐所在地，夜里躺在草丛中。木华黎与博尔术站立在雪地中，张开毛毡，为成吉思汗遮蔽风雪，一直到天亮始终一动不动。一天，成吉思汗率三十余名骑兵行走于山谷之间，回头对木华黎说："此地如果遇到强盗，应当怎么办？"木华黎答道："请让我用身体来挡住他们。"一会儿，强盗果然从树林中突然杀出，箭如雨下，木华黎弯弓搭箭，

三箭射中三个人。强盗头子高声叫道：“你是谁？”回答道：“木华黎。”听到木华黎的威名，强盗们胆战心惊。接着，木华黎慢慢地解下马鞍持在手中，护卫着成吉思汗冲出树林，强盗们也纷纷退去。

王汗与乃蛮部相互交战，向成吉思汗求援。成吉思汗派木华黎和博尔术等人去援救，在按台山之下杀死了乃蛮的全部人马，缴获了武器、马牛而返回。不久，王汗阴谋袭击成吉思汗，他的部下拔台得知此事，秘密地报告了成吉思汗。成吉思汗派木华黎挑选精锐的骑兵夜里冲进王汗的营地大砍大杀，王汗逃走后被杀，各部落的头领们闻风而降。

1206年，铁木真称成吉思汗，第一件事就是任命木华黎、博尔术为左右万户。成吉思汗从容安详地对他们说：“国内得以平定，你们出力最多。我同你们就好像车有辕、身体有胳膊一样，你们一定要深切体会这一点，不要改变你们当初的忠于我的信念。”

金朝投降过来的人，都说他们的皇帝杀戮宗室亲属，荒淫无道，且日甚一日。成吉思汗说：“我出兵有了正当的名义了。”1211年，木华黎跟从成吉思汗讨伐金朝，直逼宣德州（今河北宣化），攻克德兴（今河北涿鹿）。1212年，进攻云中、九原诸郡（今山西北部、内蒙古一带），一一攻克。进军包围抚州（今河北张北一带）。金兵号称四十万，在野狐岭（今河北万全北）北面摆好阵势。木华黎说：“他们人多，我军人少，不拼力死战，就不会轻易地击败他们。”于是率领敢死队员，跃马横枪，大声呼叫着冲入敌阵。成吉思汗指挥各军一起进攻，大败金兵，追杀至浍河，长达百里的道路上尸横遍野。1213年，木华黎率军攻打居庸关，该关城墙坚固，无法攻入，于是他派遣兵马直奔紫荆口，金朝左监军高琪领兵前来，不战而逃，于是又攻克了涿州（今河北涿州）。又分兵攻克了益都（今山东青州）、滨（今属山东）、棣（今山东惠民）等城，部队进驻霸州（今属河北），金朝将领史天倪、萧勃迭率部投降。木华黎上奏成吉思汗，任命二人为万户。

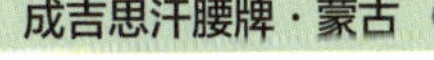
成吉思汗腰牌·蒙古

统领攻金

1217年，成吉思汗下诏封木华黎为太师、国王、都行省承制行事，赐予他誓券、黄金印，诏书上说：“你的封国由子孙相传，世世代代永不断绝。”又把弘吉剌、亦乞列思、兀鲁兀、忙兀等十支部队以及吾也而的契丹、蕃、汉等部队，一并归他指挥。并且告诉他说：“太行山北面，我自己筹划治理，太行山以南，你好自为之吧。”又把自己出行时车驾所用的九斿大旗赐给木华黎，并告知诸将说：“木华黎建此旗发出的号令，就像我亲临到场时发出的号令一样。”于是木华黎就在云、燕建立行省，以图进取中原。随后从燕京（今北京）南进，攻克遂城（今河北徐水）及蠡州（今河北蠡县）诸城。冬天，攻克大名府（今河北大名），在东面平定了益都、淄（今山东临淄）、登（今山东蓬莱）、莱（今山东莱州）、潍（今山东潍坊）、密（今山东诸城）等州。

成吉思汗金币·蒙古

1218年，木华黎率军从西京出发经由太和岭进入河东，攻打太原、忻、代、泽、潞、汾、霍（今山西太原、忻州、代县、晋城、长治、汾阳、霍州）等州，全部攻克。于是攻占平阳（今山西临汾），金守将弃城逃走。木华黎任命前锋拓跋按察儿统领蒙古军镇守该城，任命义州监军李廷植的弟弟李守忠代理河东南路帅府事。1219年，命令萧特末儿等人率部出云州（今山西大同）、朔州（今属山西），进攻并降服了岢岚（今属山西）火山军。任命谷里夹打为元帅达鲁花赤，攻打了石州（今山西吕梁）、隰州（今山西隰县），进击绛州（今山西新绛），并将其攻克。

1220年，木华黎率军再次从燕京进军攻取赵州（今属河北），进驻满城（今属河北）。武仙献真定府（今河北正定）投降。代理河北西路兵马事的史天倪进言说：“目前中原已经大致平定，但是我军所过之处，无不纵兵抢掠，这不是君王抚慰百姓的本意。”木华黎认为此话在理，于是下令严禁抢劫掠夺，所俘获的男女老少，一律遣还故里，军

中从此肃然有序，受到各地的官吏和百姓的拥戴。进军至滏阳（今河北磁县），金朝邢州（今河北邢台）节度使武贵前来投降，进兵攻破天平寨。这时，蒙古不花一军又攻下河北的卫（今河南汲县）、怀（今河南沁阳）、孟州（今河南孟州），进入济南。金东平路行军万户严实带着所属三十万军民，前来军营投降。

1222年，木华黎攻拔荣州（今河津西南），进占河中府（今山西永济），派石天应守此军事要塞。接着，大军渡河西进，直趋长安。当时，中条山的盗贼侯七等人聚众十余万，探知木华黎的大部队已经西进，便袭击河中。石天应战死，城被攻陷，侯七率军烧毁屋舍，退回中条山。先锋元帅按察儿在途中阻击，打败了贼军，斩首数万级。木华黎下令石天应的儿子斡可继续统领他的部下。

壮志未酬

1223年春，木华黎率军返回驻地，但黄河浮桥尚未建成，木华黎回头对众将领说："桥还没有完工，难道能坐着等待吗？"于是又攻下了十余个河西一带的堡寨。三月，木华黎渡过黄河回到闻喜县（今属山西）时，对他的弟弟带孙说："我为国家建立了伟大的功业，身穿铠甲、手执武器将近四十年，东征西讨，没有什么可遗憾的，只恨汴京还未攻下！你要努力啊。"说完便去世了，终年54岁。

至治元年（1321），元英宗下诏封木华黎为体仁开国辅世佐命功臣、太师、开府仪同三司、上柱国、鲁国王，谥号忠武。

鎏金银铁马镫·蒙古

马镫是一对挂在马鞍两边的脚踏，供骑马人在上马和骑乘时用来踏脚的马具。马镫铁制，镫底错银装饰双胜图案，上部饰双首龙，龙首鎏金。

时间：？ ～1218

“箭簇”哲别

哲别是蒙古别速惕部人。1201年，铁木真与札木合所率十一部联军会战于阔亦田地方，哲别射死了铁木真的黄马。这次战役中，铁木真拼死获胜，哲别终于投奔铁木真。

大将来降

1201年，札木合组成联军向铁木真大举进攻，铁木真集中优势兵力将其击败。札木合的部队溃不成军，四散而逃。在逃跑的士兵中，有个名叫只儿豁阿歹的青年人，他箭法出众，在作战时射死了铁木真的好几名战将，他和一群逃兵遁入密林。铁木真把自己的坐骑给大将博尔术，叫他入林搜索。博尔术发现只儿豁阿歹后便穷追不舍。眼看就要赶上，不料只儿豁阿歹回身一箭，正中马脊，那马应声而毙。只儿豁阿歹迅速逃逸。

这匹马全身棕黄，嘴唇雪白，日行千里，深为铁木真所喜爱。见爱马死于箭下，铁木真十分心痛，命令部下包围密林。林中的逃兵箭尽粮绝，只得集体投降，只儿豁阿歹也在其中。铁木真对着俘虏咆哮：“是谁射死了我的战马？”只儿豁阿歹站出来，面无惧色地说：“是我。如果大汗要处死我，以报一箭之仇，也不过弄脏你眼前巴掌大的地

成吉思汗广场上的成吉思汗和诸将铜雕

内蒙古鄂尔多斯市康巴什新区的成吉思汗广场雕塑，是目前全球最大的成吉思汗青铜艺术工程，再现了大汗统领将士，勇往直前，排山倒海的英雄风采。

方。如果你不计前嫌，赦我一死，我将为你效命疆场，赴汤蹈火，在所不辞。”铁木真转怒为喜说：“凡是前来降我的人都对以前的所作所为讳莫如深，你有勇气承认杀了我的战马，是条好汉，不打不相识，就让我们交个朋友吧！你射死了我的爱马，就改名为哲别（意为箭簇），跟随我征战吧。”哲别欣然从命。

开路先锋

哲别从此追随铁木真参加统一蒙古各部的战争，东征西讨，立下赫赫战功。1206年蒙古国建立时，哲别被封千户长，为十大功臣之一，与者勒蔑、忽必来、速不台并称“四獒”。

1211年，成吉思汗南下伐金，哲别作为先锋，扫荡了边境的金兵，开始进攻金朝北方的门户乌沙堡。乌沙堡不但地势险要，而且还装备了一种先进的守城武器：由机关触发的连发床弩。这种武器杀伤力相当大，以致当时有“地上乌沙堡，地下鬼门道”的说法。

哲别根据抓获的金军士兵和工匠的介绍，想出了应对之策。他下令用数百匹从马冲锋在前，守城的连弩被触发，冲锋在前的马群被射杀倒地，金朝守军认为重创了蒙古骑兵，神经刚一放松，紧跟在马群后的蒙古铁骑已经冲入了城门，金兵的连弩还来不及装填，蒙古骑兵的利箭和马刀已经落到了他们头上，金朝守将独吉思中箭负伤逃走，剩下的金兵溃散，蒙古军队一口气攻下了城池。紧接着，哲别的军队攻破了金朝另一边防要地乌月营，这样，金朝的北大门完全被打开了。

1218年，哲别率军远征西辽。西辽统治者屈出律原为乃蛮逃将，被西辽国主收容后，娶了西辽公主，结果恩将仇报，反客为主，篡夺了西辽政权。屈出律强迫统治区内的广大伊斯兰教徒改信佛教，引起了百姓的强烈不满。哲别向该地区宣布，准许居民信奉本民族传统宗教。此举大得人心，伊斯兰教徒纷纷起兵。

哲别以两万兵力轻而易举地征服了西辽广阔的地域，缴获白口黄毛的良马千匹，他派人把这些马献给成吉思汗说：“偿还大汗当年被我射死的马！”杀一还千，成吉思汗十分满意，哲别也因战功累累而威震四方。

·人物·
耶律楚材

12

时间：1190 ~ 1244

“治天下匠”耶律楚材

蒙古人从蒙古高原来到中原地区以后，情况有了很大的变化。中原地方的汉人、西夏人、女真人早已进入了封建社会，而蒙古人还处在奴隶社会阶段。因此，蒙古人急需改变自己的统治方式来适应这种新的形势。成吉思汗在世的时候，他找到了一位“治天下匠”，名叫耶律楚材。

“吾图撒合里”耶律楚材

耶律楚材（1190～1244），契丹人。他是辽朝开国皇帝耶律阿保机的九世孙。耶律楚材精通汉文化。他的父亲耶律履在金朝做过尚书右丞。受良好的家庭环境影响，耶律楚材从小博览群书，天文、地理、数学、历法、医学，无不精通，曾经做过金朝的小官。1215年，成吉思汗攻下中都，听说耶律楚材很有才能，就下令召见他。成吉思汗很欣赏耶律楚材的才能，就让他在自己身边办事。耶律楚材身高八尺，体态雄伟，留着漂亮的长胡子，成吉思汗称呼他为“吾图撒合里”。蒙古语“吾图撒合里”就是“长胡子”的意思。

耶律楚材用他广博的知识，时常能做出一些正确的判断，如此一来成吉思汗就更加器重他。当时，有个善于造弓的西夏人常八斤很不高兴。因为，他也是成吉思汗很器重的人，他非常自负地说：“国家现在正是用兵的时候，像耶律楚材这样的读书人有什么用？”耶律楚材回答他说：“造弓尚且要用弓匠，治理天下难道能不用‘治天下匠’吗？”成吉思汗听了耶律楚材这句话，觉得很有道理，从此对耶律楚材更信任了。成吉思汗后来对即将即位的儿子窝阔台说：“这个人是老天爷赐给我家的，以后国家大事要交给他去治理。”

成吉思汗去世以后，窝阔台即位当了大汗。他听从父亲的建议重用耶律楚材。耶律楚材把蒙古国的制度建设得更加完善，因而汗的统治地位得到了保障。

治天下的匠人耶律楚材

蒙古人虽然有贵贱尊卑之分，但他们的礼乐制度远远没有中原封建王朝完备。所以耶律楚材在帮助蒙古人治理天下时，首先是完备他们的礼乐制度。窝阔台被选为大汗之后，耶律楚材想到让蒙古人形成严格的君臣礼仪意识。他对窝阔台的哥哥察合台说："你虽然是大汗的哥哥，但是从地位上讲，你是臣子，应当对大汗行跪拜礼。你带头下拜了，就没有人敢不拜。"于是，察合台就率领皇室家族和各级长官向大汗窝阔台下拜。有了察合台带头，就没有人不遵从。从此，蒙古国就有了尊汗的下拜礼。

耶律楚材在整饬礼乐制度后，着手进行了军事制度的改革。在蒙古建国之初，实行的是军政合一制度。在建制上只有万户、千户、百户等统率军队的长官，而没有治理政事的长官。蒙古人在攻下城镇后也不派兵守卫。在占领中原地区时，蒙古统治者就用投降的北方汉族地主和金朝官吏来管理当地政事。耶律楚材针对这些情况提出了改革建议：在各地设置官吏来管辖老百姓，另外，设置万户专管军队，使军政互相制约，从而防止了独断独行。耶律楚材的建议被窝阔台采纳了。后来他还提出在中央设立最高行政机构中书省，被窝阔台采纳，并任命耶律楚材为中书令。

军政分开，是耶律楚材帮助蒙古人完善上层建筑的重要举措。耶律楚材接下来面临的改革任务就是改掉蒙古人的一些陋习。蒙古军队在侵略亚欧各国和征服各民族的时候，有野蛮屠杀的陋习。如果他们进攻的城镇有抵抗，那么当他们一旦攻克，留下工匠，把妇女和儿童变成奴隶，其他不问老弱、贫富，还是逆顺，全部杀掉。这种残酷而野蛮的屠城政策，遭到了被奴役的各族人的强烈反抗，非常不利于蒙古人的统治。大将速不台率军攻打金朝京城汴京（现在河南开封），因为城墙坚固，一直攻不下来，人马死伤很多，他怒气冲冲地向窝阔台报告说："等攻下城池的时候，我要把全城的男男女女统统杀光！"耶律楚材听说后就对窝阔台说："我们打了几十年仗，争夺的就是土地和人口。如果我们只得到了土地而没有老百姓，要这土地又有什么用呢？"窝阔台听了，因为原有的惯例，还在犹豫不决。耶律楚材进一步谏言："现在的汴京城里集中了各地手艺很巧的工匠，拥有财富的

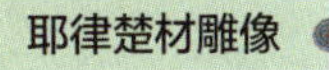

耶律楚材雕像

蒙古鎏金银铁马镫 · 11 ~ 13 世纪

大户，如果全部杀了，我们损失岂不是太大了？我们还能得到些什么呢？”最终，窝阔台觉得耶律楚材说得有道理，采纳了耶律楚材的建议，于是下命令给速不台：“除了金朝皇族以外，其余的一概不杀。”当时汴京城里避难的147万人，他们的生命得到了挽救。经过这次事情后，蒙古军队屠城的事也渐渐减少了。

耶律楚材在一步一步地帮助蒙古人完善他们的制度，改掉他们的陋习，逐步帮助他们形成封建文明。在完成一系列的改革后，耶律楚材还面临着封建王朝的三大重要的任务：法制、税收和地方管理以及处理地方与中央的关系。

成吉思汗在位时，用“札撒”法制制度来处理事情，并没有制定完整的法律。但“札撒”只是一种适用于草原生活的习惯法则。当蒙古统治范围扩大到中原以后，情况复杂得多了。面对不断增加的刑事案件，统治者需要及时出台一套行之有效的法律制度。耶律楚材及时上奏了《便宜十八事》，作为蒙古国临时法律。《便宜十八事》规定：打击地痞流氓杀人盗窃，严禁地方官擅自滥杀老百姓，不准商人财主贪污公物，禁止地主富豪夺取农民田地。经过整顿，社会秩序就渐渐安定了下来。

立课税，统税权

蒙古在占领中原地区之后，那些守旧的蒙古贵族还想用他们过去的方式进行统治，耶律楚材因此向窝阔台进谏说："大汗要出兵进攻金朝，少不了要一大笔钱财支付军需费用。大汗可曾想过从哪里取得这些费用？"窝阔台笑道："我大蒙古帝国，拥有如此广大疆土，还发愁这点费用？"耶律楚材说："大汗不要小看这些费用。大汗可能忽略了汉人对国家的作用。臣下有一个建议，大汗如果您定下中原的地税、商税，加上盐、酒、铁冶、土产等项收入，每年可得银50万两，粟40余万石，帛8万匹，足足可以供应军需。"窝阔台抱着试试看的态度对耶律楚材说："那你代我去试一试这个办法。"耶律楚材于是设立了燕京等十路征收课税使。没多久，十路征收课税使把征收到的金帛和记录仓库收藏谷物的账簿交给窝阔台。

窝阔台在灭掉金朝后，把新占领的中原土地和民户分赐给诸王和功臣。耶律楚材深知这种分封制的弊端。他竭力反对窝阔台这样做。他说："'裂土分民'会造成许多矛盾。大汗宁可把金帛多送一些给诸王功臣，也不要把大权都交给他们。"窝阔台意识到了这一点："可是我已经允许了，怎么办？"耶律楚材说："那切勿让他们自行征税，朝廷可以设置官吏来征收分给他们州县的赋税，年终分一点金帛给他们就可以了。"这样中央就把征税的权力收回，从而削弱了贵族抗拒中央政府的实力。

重儒学，开科举

另外，耶律楚材还主张用孔孟之道治国治民，选用儒生担任各级官吏。1238年，元朝政府也实行了科举考试制度，选拔儒生做官。有一次，有两个做官的儒生犯了罪，窝阔台就责备耶律楚材说："你说儒生是好人，孔孟之道可行，怎么会出这种人呢？"耶律楚材回答说："三纲五常是圣人的教导，就像天上有日月的道理一样，治理国家的人都得遵循它。难道因为有一两个人有了过失，就使万世遵循的孔孟之道废弃了吗？"窝阔台点头称是。

耶律楚材辅佐成吉思汗和窝阔台治理国家将近30年，不愧为"治天下匠"。1244年，耶律楚材去世。人们为他修建了祭祠纪念他的功劳。

·人物·
丘处机

13

时间：1221

长春真人的谏言

北京白云观是全真道教三大教庭之一，为全真教丘长春（丘处机）所创龙门派的祖庭，原名长春宫。观内有丘祖殿，供奉着龙门派祖师丘长春。丘长春劝谏成吉思汗的故事，至今仍使参观者肃然起敬。

丘处机“奉天命”而来

丘长春（1148～1227），本名丘处机，字通密，登州栖霞县（今属山东）人，道号长春真人。

金朝末年，道教新派全真、大道、太一在中原各地逐渐发展起来，其中全真教最为兴盛。全真教的宗旨是识心见性、除情去欲、安贫守贱和苦己利人，因为信徒众多，成为金朝统治者竭力拉拢的对象。而成吉思汗在进攻金朝的过程中，逐渐接触到很多读书人，认为这些人对自己治理天下很有帮助，也到各处网罗人才。1219年，他派侍臣刘仲禄到莱州延请丘处机。

《丘真人本像》·清·无款

过去，丘处机从未理会金朝和南宋的召聘，此次刘仲禄说：“我奉特诏而来，大汗吩咐，哪怕逾山越海，不论多久岁月，一定要请你去见他一面。”丘处机经过仔细考虑后，终于答应了。1220年，年已七旬的丘处机携宋道安、尹志平等数名弟子启程前往西域。

此时成吉思汗正在西征途中，反复催请，丘处机冒霜踏雪，走了一年零两个月，才终于渡过阿姆河，来到了成吉思汗行营。

成吉思汗高兴地说："金、宋两国征召聘请你，你都不去，现今你跋涉万里前来见我，我很欣慰。"丘处机答道："山野之人奉诏而来，是奉天之命。"成吉思汗更为高兴，开门见山地问："真人远来，有什么长生不老的药物送给我吗？"丘处机回答说："有保健防病的方法，而没有长生不老之药。"成吉思汗夸奖他诚实不欺。

成吉思汗问宠臣镇海："真人应该有个名号，你看赐什么名号为好？"镇海说："有人尊称他为师父，有人尊称他为真人、神仙。"成吉思汗说："从今以后，都称神仙吧。"

长春真人讲道

第一次见面，双方并没有交谈太多内容，成吉思汗本想设坛问道，恰逢札兰丁打败了失吉忽秃忽，成吉思汗打算亲往征伐，就请丘处机先回撒麻耳干城休息，等待宣召。隔了半年，成吉思汗才得到问道的机会。

白云观内李志常像

李志常（1193～1256）为丘处机后元初著名全真道士。

丘处机向成吉思汗系统讲授了全真的教义，并且劝他说："我所说的修行之道，都是一般人所要遵循的道理，帝王却又不同。帝王是上天所派，上天不发一言，借帝王及其家族之手行事，要您除凶残，去暴恶，做百姓的父母……因此帝王应该切实地减声色，节嗜欲，才能圣体康健，生命长久。"

成吉思汗先后三次听丘处机讲道，非常赞赏，对儿子和大臣们说："汉人尊重神仙，就像咱们敬天一样，我现在越来越心诚，越来越相信丘长春真是天上的神仙呀。上天派神仙对我说的话，你们每个人都要牢记。"他任命丘处机总管天下的修道者。

西行归来后，1224年，丘处机定居燕京，成吉思汗把他安置在天长观，改名长春宫。丘处机派人带了度牒四处招求战余的残生，庇护了两三万人。1227年，丘处机和成吉思汗竟然同月去世。其弟子李志常后来撰写了《长春真人西游记》一书，详细描述了丘处机会见成吉思汗的经过。

元四家

元四家是指元代四位突出的山水画家：黄公望、倪瓒、吴镇和王蒙。他们的山水画代表了中国山水画史上的一个高峰。元四家的作品注重笔墨技巧，讲究意境神韵，使山水画的美学价值更高。但由于对没落王朝的怀恋意识和情结，也由于文人艺术思潮的影响，他们的作品偏于淡远、萧疏、幽深。元四家的作品对后来的明清山水画产生了巨大的影响。

黄公望

黄公望（1269～1354），常熟（今属江苏）人，年轻时做过小官，因别人的事牵连入狱。出狱后改名“一峰”，并当了道士，开始画画。50岁后隐居杭州，专心于山水画创作。黄公望得到舅舅赵孟頫的传授，融合宋代各大家之所长，到了晚年，又“卧青山，望白云”，深入到大自然中观察体悟，形成自己“气清质实，骨苍神腴”的艺术风格。

《富春山居图·无用师卷》（局部）·元·黄公望

墨笔纸本，纵 34.1 厘米，横 636.9 厘米。此图不作具体景物的刻板描绘，而着重把握富春山水的整体风貌和情趣的表达，成功地运用淡墨皴擦画山，将长披麻皴与短条子皴交互使用，又以水墨涂出影影绰绰的远山遥岸，江中沙滩则用湿润的秃笔扫出，山峦陂陀上的苔点有圆、有长、有扁、有立，浓荫密树则施以水墨大点，疏密有致，笔墨运用得出神入化，意趣盎然。

倪瓒

倪瓒（1301～1374），无锡（今属江苏）人，家境富足。朱元璋起义后，他弃家出走。“扁舟蓑笠，往来湖泖之间”达二十年之久。他的画主要表现太湖一带风光，取平远法构图，简略旷远。他善用侧锋淡墨，干笔皴擦，作品笔墨精粹，意境幽远。代表作品有《渔庄秋霁图》《紫芝山房图》《江岸望山图》。倪瓒主张绘画不过“逸笔草草，不求形似”，“聊以自娱”，多为文人画家所称道。

《水竹居图》·元·倪瓒

纸本，纵 55.5 厘米，横 28.2 厘米。是中国元代国画作品。此图青绿设色绘江南初秋景色，远山由平林，山前溪水渚坡，坡上杂树五株，树后茅屋丛篁，是作者中年时期的代表作之一。现藏于中国台北故宫博物院。

吴镇

吴镇（1280～1354），嘉兴（今属浙江）人，博学多识，性情孤傲，隐居乡里，在杭州以卖卜为生。他的画师承巨然，善用湿墨，充分发挥水墨画的特性。他的画风沉郁苍莽。传世作品有《嘉禾八景图》《水村图》等。

《墨竹谱册》·元·吴镇

纸本，纵 40.3 厘米，横 52 厘米。此册共 22 幅。册中墨竹诸态悉备，画风苍劲简率。画家注意枝、竿在淡墨层次中的浓淡变化，竹叶以浓墨为之，聚散分明，往往在细枝末节处用笔繁密。

《双桧平远图》·元·吴镇

水墨绢本，纵 180 厘米，横 111.4 厘米。图绘两老桧并立道曲，远处层峦逶迤，丛林村舍。桧树用勾勒染墨法，桧叶则以极尖细笔精工描绘，使得两老桧挺拔秀美，气势宏伟。远处树木则简略双钩树干，枝叶用淡墨草草点画，旷远幽深。远山亦淡墨轻染，若隐若现。平坡上多磐石，以水墨密点小石的阴凹处，使山坡湿润融合，毫无外强之气。

王蒙

王蒙（1308～1385），吴兴（今浙江湖州）人，生活于元末明初，明初曾任泰安知州，后被牵连入狱而死。他从小向外祖父赵孟頫学画，长大后与黄公望、倪瓒多有交往。他作画喜用焦墨渴笔，点细碎苔点，画面繁密充实。他善画江南林木丰茂的景色，湿润华滋，意境幽远。代表作品有《青卞隐居图》《夏日山居图》《春山读书图》等。

《具区林屋图》·元·王蒙

纸本，纵 68.7 厘米，横 42.5 厘米。“元四家”都有一些“浅绛”设色的画传世，大多以赭石为主调，再加入一点花青或汁绿。然而王蒙的设色山水则运用了许多藤黄、朱磦、朱砂等艳丽的颜色。现藏于中国台北故宫博物院。

《东山草堂图》·元·王蒙

纸本，纵 111.4 厘米，横 61 厘米。王蒙作画，用笔灵活多变，他擅用淡墨勾石骨，再加以皴点，望之郁然而深秀。现藏于中国台北故宫博物院。

·人物·
成吉思汗
摩诃末

14

时间：1216 ~ 1219

讹答剌事件

成吉思汗及其子孙多次发动西征，建立起横跨欧亚两洲的庞大帝国。蒙古贵族如此大规模的征服行动，有其必然性，也有其偶然性，而讹答剌事件，就是西征的导火索。

事起讹答剌

12世纪末，中亚细亚最庞大的势力是花剌子模伊斯兰国。花剌子模原本臣服于突厥塞尔柱王朝。卡特万会战后，塞尔柱王朝一蹶不振，花剌子模趁机向西扩展势力，在特克什时代征服了伊朗和伊拉克。然而特克什始终对西辽称臣，表示恭顺，他在临终前告诫子孙不要破坏和西辽的关系，说“那是一道防备可怕敌人的长城”。

特克什的儿子摩诃末却没有其父那样明智，他继位后继续扩展疆域，并且停止向西辽进贡，甚至击败了西辽的讨伐军队。然而摩诃末的权力在花剌子模国中却并非最大的，因为他的军队多由突厥人和康里人组成，而他的母亲秃儿罕，出身于康里族，更是权势煊天，自称“世界与信仰之保护者，全宇宙的女皇”，摩诃末往往要看母亲的眼色行事。

1216年，摩诃末向西辽东面新崛起的一个国家派出商队，希图取得详细的情报。商队受到了友好的接待，对方国王承认摩诃末是西方的统治者，同时希望摩诃末承认自己是东方的统治者，随后也派出一支商队前往花剌子模通好。但当商队来到花剌子模重要城市讹答剌的时候，守将伊那儿只克垂涎这支商队所携带的财物，公然污蔑他们是间谍，然后杀人越货。

攻克讹答剌城

讹答剌事件激怒了不该和不能激怒的国家和国主，那个国家就是东方新兴的蒙古国，其国主就是成吉思汗铁木真。成吉思汗听到这一噩耗，登上山顶，不饮不食，一连祷告了三天才下山，从此就下定了西征的决心。

但成吉思汗并没有立刻动兵，他先派使者去见摩诃末，表示：“如果贵国王本人从

末下达过杀害我的使者、抢掠我的商队的命令，那么就请将讹答剌守将交给我来处置，否则，就准备迎战吧。”然而讹答剌城守将伊那儿只克本是秃儿罕的心腹，摩诃末根本不敢违抗母亲，将伊那儿只克杀死或者献出，于是他斩杀蒙古正使，又将两名副使剃去胡须，驱逐出境。

这下惹得成吉思汗勃然大怒，他首先指挥大军进攻西辽的乃蛮王子屈出律。摩诃末与屈出律本属同盟关系，即刻率兵增援，才到半路，就听说屈出律已然兵败。他遇见追击西辽败兵的成吉思汗长子术赤，术赤传达成吉思汗的命令说：“两国并未处于交战状态，况且大汗有命，遭遇花剌子模军当以礼相待。我将战利品分你一半，请你退去吧。”然而摩诃末自恃兵强马壮，骄横地回答说：“成吉思汗虽然命令你不要攻击我，但真主却命令我攻击你。我一定要消灭你们这些崇拜偶像的异教徒，以回应真主的保佑。”

于是两军展开大战，蒙古军飞速击破花剌子模左翼，直插摩诃末中军。摩诃末仓皇上马想要逃走，幸亏其子札兰丁所率的右翼取胜，回转来救援中军，才保持不败局面。当夜蒙古军燃起熊熊篝火以迷惑摩诃末，没等天亮就全部撤离了。

灭亡西辽后，1219年，成吉思汗亲率大军进攻花剌子模，包围了讹答剌城，活捉了伊那儿只克。成吉思汗命人将白银熔化后，灌入伊那儿只克七窍，把他活活烫死。

讹答剌古城遗址

讹答剌，又称奥特拉尔，现位于哈萨克斯坦奇姆肯特市阿雷思河和锡尔河交汇处。

·人物·
术赤
察合台

15

时间：1219

火攻玉龙杰赤

玉龙杰赤是花剌子模的旧都，位于阿姆河注入咸海处的三角洲附近。这里也是一个肥沃的绿洲。成吉思汗西征花剌子模，玉龙杰赤的突厥卫戍部队决心拼死抵抗蒙古军队进攻。忠实于花剌子模王朝的居民也都抱如此决心。

首攻失利

1219年，成吉思汗派了一支实力强大的军队（大约五万人）去攻取玉龙杰赤（今土库曼斯坦库尼亚—乌尔根奇）。指挥这支大军的是他的三个儿子术赤、察合台和窝阔台，当然还有诸如孛斡儿出、脱仑扯儿必和合答安这样的久经沙场的将领。术赤想不费一刀一箭就使该城投降，遂派人前去晓谕城民，说他的父汗已将花剌子模封给了他，他希望他这个首都完整无损，不遭到任何破坏。但是，他的这一招降措施没有取得任何成果。

玉龙杰赤处于沙漠和沼泽地区。在这个地区，找不到可供炮击的石头。蒙古军队便在郊区砍了许多桑树，将树干锯成小段，以代炮石之用。接着，他们又强迫俘虏运来沙土填该城周围的壕沟。十天后，壕沟终于填平。蒙古军立即开始在城墙脚下挖掘地道，潜兵攻入城内。但入城以后，他们还必须一个区一个区地，更确切地说必须一条街道一条街道地争夺和厮杀。对于蒙古军队来说，这是一场新的战争。他们弄来石油，见到房屋，即纵火焚烧。玉龙杰赤久攻不下，蒙古军队伤亡惨重。

术赤像

不过，蒙古军队失利的真正原因是术赤和察合台二人的不和，术赤和察合台兄弟二人一直互相憎恶。远征开始前夕，人们勉强制止住了

他二人的殴斗。但围攻玉龙杰赤时他俩之间又发生了争执。上面已经提到，术赤已经知道这座城市将是他的封地的一部分，所以他想努力使该城免遭破坏。但向来严厉而刻板的察合台激烈地指责他采取这种方针。由于他二人不和睦，部队的纪律也随之松弛了。最后，两人分别向成吉思汗陈述自己对对方的不满。成吉思汗对他二人的表现十分生气，改命窝阔台统领攻城全军，责令术赤和察合台都必须听从其弟窝阔台的指挥。这一措施同关于继承问题的安排是一致的。

攻陷玉龙杰赤

成吉思汗的第三子窝阔台用温和的态度，在术赤和察合台二人之间调停，使二人再次和解。与此同时，窝阔台采取严厉的态度，在部队中重申纪律，从而使士气复振，部队又成了一支不可战胜的军队。

战斗又开始了，双方厮杀得非常激烈。被包围的市民，包括妇女、儿童和老人，知道自己不会得到蒙古人的怜悯和恩惠，于是一齐坚持不懈地投入了战斗，每幢房屋都变成了堡垒。蒙古军队继续向这些已变成堡垒的房屋投掷燃烧着的石油罐。接着，他们便踏着燃烧着的尸骨往前冲。守城军民抵抗了整整七天，退到了还没被大火烧着的最后三个区。剩余的人实在难以面对这样的惨景。最后，他们只好派一位名叫阿老丁哈牙锡的人去见术赤，恳求宽恕和怜悯，他说："我等已领受大王之怒火与威严矣。今请大王大发恻隐之心，怜悯我等！"

但此时的术赤，正在为自己的部队伤亡惨重而怒火中烧，便说："汝曹以抗拒而杀我军多人。迄今受怒火与威严者乃我军也，汝曹竟说汝曹受我军之怒火与威严！今我军当使汝曹一受之！"

术赤下令驱民出城外。市民中年轻的妇女和儿童都沦为了蒙古人的奴隶。所有的工匠被集中在一处，以便遣往蒙古为成吉思汗服务。其余的男性居民被分别列于蒙古军队列之间，全部死于刀剑之下。最后，蒙古军掘开阿姆河堤，引水灌城，玉龙杰赤顿时成了一片汪洋。

·人物·
札兰丁

16

⏲时间：1219 ~ 1221

札兰丁抗蒙

札兰丁是摩诃末的儿子，是花剌子模国统治阶层中唯一有作为的人。他曾率军抵抗了蒙古军队的进攻。铁木真叹道："凡做父亲的，都想有这样的儿子！"

中途受命

河中地区被蒙古人征服以后，花剌子模国乱成一团，有的臣子劝摩诃末前往哥疾宁（今阿富汗加兹尼），一旦战败，可逃往印度；也有的劝他去伊拉克的。札兰丁反对说："我们还有四十万大军，应当在阿姆河西岸建筑工事，阻挡蒙古人的进攻。如果父亲一定要走的话，请留下我领兵继续抗战。"摩诃末不肯听从，说："你年纪轻，不懂事，从来吉凶有定，灾祸来到，谁都无法阻止。还是暂避敌人的锋芒，等待于我有利的时机吧。"

摩诃末这一走，兵败如山倒，部下康里人看情势不好，又发起叛乱。最终摩诃末一直逃到里海的一个小岛上，身边只剩下不到百名随从，不禁又羞又气，得了重病。他看看长子札兰丁，又看看少子斡思剌黑沙，懊悔不已。

札兰丁很久以前就劝告摩诃末不要包庇伊那儿只克，因为己方的无理而招致战争，摩诃末不但不听，还嘲笑儿子怯懦。又因为母后秃儿罕不喜欢札兰丁，他就废黜了札兰丁的继承权，宣布让斡思剌黑沙继承王位。等到穷途末路，病危之际，摩诃末才终于醒悟过来，他解下腰间的佩刀，亲自给札兰丁挂上，对诸子及左右随从说："札兰丁是你们新的国王，你们都要听从他的命令。"然后叹了一口气，就此撒手人寰。

札兰丁安葬了父亲以后，逃出里海，前往要塞乌尔鞑赤。乌尔鞑赤有守军六万，大都是康里人，素来拥护秃儿罕和斡思剌黑沙，不但不承认札兰丁是新国王，还起意谋杀他。札兰丁被迫逃出城去，兼程赶往东南方向的哥疾宁。他在哥疾宁收拢残兵，附近地区纷纷脱离蒙古人的统治，响应他的复国号召。

摩诃末逃走的时候，其母秃儿罕、诸妻、诸子，全都逃往险要的亦剌勒堡躲避。但这城堡最终还是被蒙古大将速不台攻克，成吉思汗把摩诃末年幼的儿子们全都杀死，女儿配给有功的臣下，秃儿罕等都押送回蒙古。据说曾有人劝秃儿罕去投靠札兰丁，但秃儿罕说："我宁可当俘

虏，也不会去依靠他！”祖孙之间，不知何故，竟有如此深仇大恨。

抗蒙失败

成吉思汗听说札兰丁的消息，派养子失吉忽都忽前往征伐，两军在八鲁弯川（今阿富汗喀布尔东北）遭遇。失吉忽都忽见敌众我寡，心生一计，先把所带的毡毯捆绑起来竖立在马背上，激战中将这些马放在阵后，远望仿佛是前来增援的无数骑兵。花剌子模军无不恐惧，纷纷后退，札兰丁挥刀大喊：“我军如此强盛，就算敌人援军来到，又有什么可怕的？”身先士卒，杀入敌阵。失吉忽都忽无法抵御，率兵向北溃逃——这是蒙古西征以来，吃的第一个大败仗。

札兰丁战胜了蒙古军，检视战利品，得到一匹好马。手下大将蔑力克和阿格拉克都想得到这匹好马，争闹起来，蔑力克往阿格拉克脸上狠抽了一马鞭。阿格拉克羞怒之下，竟然率领所部，脱离大军而去。札兰丁失了臂膀，又听闻成吉思汗亲率大军前来报仇，被迫退往申河。才到河边，就被蒙古军队追上。

战斗极为惨烈，札兰丁从早晨一直厮杀到中午，最后身边只剩下数百人。他不愿被擒受辱，一催战马，竟然从高崖上纵身跃入汹涌的申河之中。蒙古军围到岸边察看，只见札兰丁浮出水面，双臂用力挥动，劈开巨浪，眨眼就已经游出弓箭射程之外了。札兰丁游过申河，来到印度，后来又回到波斯复国，未能成功。1231年，札兰丁被杀。札兰丁失败以后，花剌子模的土地都被蒙古人占领，成吉思汗派部将继续往西，一直推进到第聂伯河。

细密画《札兰丁逃往印度》

·人物·
成吉思汗

17

时间：1227

攻灭西夏

成吉思汗所讨伐的党项人建立的夏政权，为了区别于商周以前的夏朝，宋人称之为“西夏”。

四伐西夏

西夏的创始人李继迁属于党项人的拓跋部。李继迁的孙子李元昊夺得了宋朝的诸多州县，于宋仁宗宝元元年（1038）称帝，国号大夏。他在称帝前曾经一度与宋和好，被赐姓赵。称帝后宋朝廷取消了他的赐姓，他自己也不愿意再姓赵，而依旧姓李，其后又连胜宋军。辽兴宗后来做了中间调停人，宋与西夏又和平相处了一段时间。其后金灭辽，西夏曾派兵援辽，被击败。及至南宋，西夏与南宋之间隔着一个金，直到蒙古的成吉思汗兴起。成吉思汗找到各种借口，先后对西夏讨伐多次。

1205年，当时西夏的皇帝是李纯祐，战争的借口是西夏接纳了王汗的儿子桑昆。其实桑昆并未正式进入西夏境内，更不曾为西夏所收

西夏王陵

容。成吉思汗此次讨伐西夏，攻下了西夏的力吉里寨，并且在经过落思城的时候掳去了不少人口与牲畜。

1207年，成吉思汗再次伐西夏。这次成吉思汗发动战争的借口是西夏不向蒙古纳贡。成吉思汗这次打下了西夏的斡罗孩城（今内蒙古乌拉特后旗西南）。

1225年秋天，成吉思汗亲征西夏，借口是西夏没有送“质子”，并且不派兵参加蒙古军对花剌子模等国的讨伐。成吉思汗分兵东西两路发动夹攻，他亲自带领窝阔台、拖雷，率10万大军为东路，沿着贺兰山南下，一路势如破竹，向西夏都城中兴府（今宁夏银川）进逼。次年二月，成吉思汗拿下黑水（今内蒙古哈日浩特）等城，当时的西夏太上皇李遵顼惊吓而死；这年夏天，成吉思汗又拿下甘州（今甘肃张掖）、宣化府（今甘肃酒泉）等城，继位的西夏皇帝李德旺也惊慌而死。宗室李睍继位为西夏皇帝。

李睍投降被灭族

1227年春天，成吉思汗感到西夏已是苟延残喘，自己带着大队人马去进攻金的积石州（今青海贵德），留下的军队则进攻西夏的中兴城。这年六月，中兴府发生强烈地震，房屋倒塌，瘟疫流行，粮食断绝，西夏不得已正式向蒙古投降。成吉思汗派脱仑扯儿必去受降，并对投降的西夏兵士人等进行抚慰。此时成吉思汗也已攻下了金的积石州、临洮（今属甘肃）与西宁（今属青海）。之后成吉思汗去甘肃的六盘山避暑，由六盘山走到清水县（今属甘肃），成吉思汗感到身体不适，七月，成吉思汗病逝于清水萨里川哈老徒之行宫。

成吉思汗既死，李睍并没有得到消息。不久后，他来朝见成吉思汗，却被脱仑扯儿必杀死。脱仑扯儿必还灭了李睍的全族，无辜的西夏百姓被杀的也不在少数。据说这是脱仑扯儿必遵从了成吉思汗的遗命，而就成吉思汗的脾性来说，他一生杀人虽多，但对已经投降自己的人却并不加害。这是一个历史的悬疑。

从985年李继迁叛宋自立，到1227年被蒙古所灭，存在了243年之久的西夏就此消失于历史舞台。

·人物·
成吉思汗

18

时间：1227

成吉思汗之死

西夏投降以后，成吉思汗又从六盘山移到清水县的西江避暑。这时候天气酷热，年老体衰的成思吉汗染上了斑疹伤寒，病情一天比一天严重。他估计自己大限已到，在病床上考虑着自己死后的两件大事：一是国家的治理，二是对自己的后事进行安排。

选定继承人

据说成吉思汗在位的时候，经常给他的几个儿子讲一个多头蛇和一头蛇的故事：一个非常寒冷的夜里，为了御寒，一条多头蛇想爬进一个洞里去。可是，这条蛇身上的每一个头意见纷争，都想先钻进洞里去，谁也不肯相让。最终，这条蛇没有进入洞里去，而是冻死在洞口；而那个长着一个头的蛇却顺利地爬进了洞里，安全舒服地度过了严寒。成吉思汗经常用这个故事启发和教育他的儿子们，不要内部纷争，而是要听从指挥，同心协力，方能成就事业。

成吉思汗讲这个故事，在他选拔继承人的时候再一次起到了作用。西夏投降后，成吉思汗到清水县的西江避暑。那年的天气酷热，年老体衰的成思吉汗不幸染上了斑疹伤寒，病情一天比一天严重。成吉思汗估计自己大限已到，他在病床上开始考虑自己的死后大事。其实，这个时候，在他的儿子们中间，他已经选好了继承人——窝阔台。成吉思汗趁着现在自己神志清醒，赶紧把后事交代一下。他把窝阔台、拖雷和其他儿子叫到身边，用沉重的语气说："看来，病魔要夺去我的生命了。我的病无法医治了。你们当中需要有一个人来继承汗位，治理我争夺来的天下，把我们蒙古人的疆土继续扩大。"

成吉思汗又说："在我的儿子们中间，窝阔台雄才大略，足智多谋，在你们当中尤为出众，因此我想让他继承我的汗位，统帅军队和百姓，保卫国土。如果你们也想过安乐和幸福的生活，享受权力和富贵的果实，那么就要协助窝阔台，帮他共同治理好这个国家。如果你们个个都想做大汗，想当帝王，互相不肯谦让，那就会落个像那个多头蛇一样的下场。"

最后的战略

成吉思汗的病情一天一天恶化，他把窝阔台、拖雷和他的手下大将叫到跟前，向他们交代了灭金朝的策略："金朝的精兵在潼关，潼关北靠大河，南据华山，我们如果正面进攻，难以一下子攻破。如果假道南宋，我们就可以避其精锐，然后从背后出兵直捣汴京。而南宋和金是世仇，必能同意。汴京危急之时，金朝必从潼关调兵。而等潼关数十万兵千里赴援到汴京，人马必然疲惫，疲惫的兵马没有什么战斗力，因此，汴京一举可破。"后来，窝阔台正是遵循了这一策略，取得了成功，于1234年灭了金朝。

1227年秋，成吉思汗在他避暑的清水县去世，终年66岁。

成吉思汗的儿子们和诸将护送成吉思汗的灵柩到大汗居住的地方。为了不走漏消息，他们沿途遇到人便杀，杀害了许多无辜的百姓。成吉思汗的儿子、兄弟、王臣和他们的后代，从各地陆续赶到漠北，为成吉思汗举行了隆重的丧礼。

成吉思汗是蒙古帝国的缔造者，显示出构筑和建设一个强大帝国的雄才大略。他把蒙古境内分散的若干部落统一起来形成国家，开创了蒙古国的新时代。

成吉思汗陵雕塑

时间：1211 ~ 1234

蒙宋灭金

从 1211 年春开始，成吉思汗以替祖先复仇为名，誓师伐金。到 1215 年，在 5 年的时间里，他多次率兵南下，在对金作战中取得一系列胜利。

五次攻金

1211年，蒙古军兵分两路伐金。一路由成吉思汗本人统率，以哲别为先锋，入金西北路；另一路由成吉思汗的三个儿子术赤、察合台、窝阔台率领，以汪古部首领阿剌兀思剔吉忽里为向导，入金西南路。成吉思汗率领的蒙古军很快越过了金的边防。他们攻破金西北路边墙乌沙堡，进入昌州（今内蒙古太仆寺旗西南）、桓州和抚州（今河北张北），然后继续南下。蒙、金两军在野狐岭展开大战。金以三十万大军凭险抵御，结果被成吉思汗一举击溃。金军大败，精锐丧失殆尽。同年九月，蒙古军前锋突入居庸关，开始攻打中都，金军据城坚守，蒙古军一时无法攻克，被迫撤军。成吉思汗三个儿子率领的蒙古军攻取了丰州（今内蒙古呼和浩特东白塔镇）、净州（今内蒙古四子王旗西北）、东胜（今内蒙古托克托县）、云内（今内蒙古托克托县东北古城）、武州（今山西五寨县北）和朔州（今山西朔州）等州，大肆掠夺后离去。

1212年，蒙古军继续侵扰上年攻打过的许多地区。成吉思汗在攻取一些州府，进攻西京（今山西大同）时，中流矢受伤，不得不撤退。四獒之一哲别则攻入东京（今辽宁辽阳），掠夺一番后返回。

1213年秋，成吉思汗率大军再度越过野狐岭，攻陷宣德、德兴诸城，并重创金军，把金兵追至居庸关北口。金兵坚守居庸关。成吉思汗留下部分兵力继续攻打，自己则率主力从紫荆口（今河北易县西）入关，在五回岭大败金兵，之后攻下涿、易二州。不久，哲别攻下居庸关，开始进逼中都。此时，蒙古军兵分三路：成吉思汗的三个儿子术赤、察合台、窝阔台为右军，沿太行山向南；成吉思汗的弟弟合撒儿等

为左军，向东攻取蓟（今天津蓟县）、滦（今河北滦县）和辽西（今辽宁义县东南）诸州；成吉思汗则与小儿子拖雷为中军，攻取河北东路及山东东、西路等地方。《元史》记载："是岁，河北郡县尽拔。"

1214年春天，成吉思汗在中都北郊会合诸路大军，威胁金朝，派使臣向金朝索取贡品。在位的金宣宗不得不遣使求和。金朝把岐国公主进献给成吉思汗（成吉思汗纳为第四妻），送给蒙古军大量童男女、金帛、马匹，并派丞相完颜福兴恭送成吉思汗出居庸关。六月，中都南面的金军斫答等叛变，杀主帅，投降蒙古。成吉思汗立即派兵与斫答等共同围攻中都。金太子得知消息，逃往南京汴梁。十月，蒙古军大将木华黎征战辽东，收降高州（今内蒙古赤峰东北）、锦州（今属辽宁）等地金将。至1215年春，蒙古军陆续收降了中都附近州县金朝将官，并击败前来救援中都的金军。同年五月，丞相完颜福兴眼看中都解围无望，服毒自杀，金军将官弃城而逃。蒙古军攻入中都，之后战事暂告停顿。

蒙古灭金

1217年，经过两年多的休整，成吉思汗决心彻底灭掉金朝。他任命大将木华黎为主帅，专心经略中原，徐图灭金。

1220年至1221年夏，木华黎收降河北、河南和山东等地一些重要州府。1223年，木华黎渡过黄河后，不幸病卒，终年54岁。攻取汴梁灭金的壮志未酬。

1233年夏，蒙古军与南宋军会师蔡州城下。1234年，南宋军首先攻破南城，蒙古军接着攻破西城。蒙、宋两军攻破蔡州城，金末帝完颜承麟死于乱军之中。至此，从1115年至1234年，立国共120年的金朝，宣告灭亡。

秋山玉饰·元

·人物·
窝阔台

20

时间：1227

他比你们高出一格

继成吉思汗为蒙古可汗的，是其第三子窝阔台，这既不符合长子优先权，也不符合蒙古传统的幼子受产权，它是诸王子争权夺利的结果，却也反映出成吉思汗的知人之明。

兄弟相争

蒙古传统的继承权是“幼子守灶”，即儿子们长大以后，都要自己出去创建事业，建立家庭，只有最年幼的孩子可以继承父亲的遗产。成吉思汗铁木真本身是长子，靠着自己的努力创建了蒙古帝国，但他起初并没有考虑身后之事，是按本族传统传给幼子，还是按所征服各民族的习惯传给长子。

成吉思汗和孛儿帖共生四子，即长子术赤（1177～1225）、次子察合台、三子窝阔台和四子拖雷（1193～1232），这四个儿子中，术赤和察合台勇猛善战，但脾气极其暴躁，另两个则温和得多。

成吉思汗西征花剌子模前，他的次妃也遂进言说：“大汗远涉山川去征战，如果某天发生了万一，四个儿子以谁为主，最好先宣布出来让众人知晓。”成吉思汗于是召集四个儿子和爱将们商量，首先问术赤说：“我的儿子里面你最年长，你有什么要说的吗？”

术赤还未回答，察合台先跳出来，大声喊道：“父亲问术赤，莫不是想将国家交付给他？他是蔑儿乞人带来的，我怎么能受他管辖？！”术赤闻言大怒，起身揪住察合台的衣领，喝骂道：“那个谣言，父亲都从来不提，从来不曾以外人看我，你怎么敢这样说？！你虽刚强，但有何本事能压倒我？我和你比赛射箭吧，你如果胜过我，我就将大拇指剁掉；我和你比赛摔跤吧，你如果胜过我，我就倒在地上再不起来！”察合台也针锋相对地揪住术赤的衣领，二人相持不下。

推举窝阔台

成吉思汗早就知道二子不和，这也是他迟迟不肯决定继承人的重要原因，当下他一言不发，面色阴沉。众将扯开二人。成吉思汗责备察合台说：“你怎么那样说术赤？我儿子里他最年长，你应该尊敬他这个当哥哥的才是，以后不可再提那样的谣言！”察合台回答说：“我知道术赤的力气和技能，也不用争。诸子中我和术赤最为年长，愿意共同为父亲出力，如有退避，可即刻杀了。但术赤脾气不好，我不服他，窝阔台性格敦厚，我愿意推举他作为父亲的继承人。”

察合台既然这样说了，术赤也就不好再争，他也表态说：“我和察合台共同出力辅佐，就让窝阔台当继承人吧。”成吉思汗这才转怒为喜，说：“你们二人既然相互不服，也不用总待在一起，天下广大，土地众多，我让你们各守封国好了。你们二人今天所说的话，都要牢牢遵守，别让他人耻笑。”然后转头问窝阔台的意见。窝阔台看父亲确实属意自己，就说：“父亲既然有这个意思，我也不敢退缩，我只能尽力谨慎地去干。只怕后世子孙不才，无法继承下去。”

成吉思汗点头说：“窝阔台说的话，很合我的心意。”再问拖雷，拖雷说：“父亲既然点了窝阔台的名，我也没有异议。今后兄长有所遗忘，我会提醒他；兄长睡得沉了，我会唤醒他；兄长派我去征战，我即刻启程。”于是成吉思汗就正式决定汗位由窝阔台继承。

细密画《窝阔台即位图》

成吉思汗死前对诸子重申：“他（窝阔台）比你们高出一格，他的意志坚定卓绝，他的见识聪敏优越，凭借他灵验的劝告和良好的见解，军队和人民的管辖以及帝国边界的保卫将得以实现。因此，我指定他为我的继承人，把帝国的钥匙放在英勇才智者的手中。”窝阔台继承蒙古汗位后，重用契丹人耶律楚材，采用汉法，制定赋税制度，又遍设驿站，加强和诸汗国之间的联系。中国史书上称他为元太宗。

·人物·
窝阔台
忽必烈

21 汗位之争

时间：1227 ~ 1261

蒙古帝国的可汗是靠开会推举产生的，这种贵族会议，就称为“忽里台大会”。铁木真之称成吉思汗，纯是靠实力受推举的结果，但其后的蒙古可汗，推举只是形式，残酷的政治斗争才是他们上台与否的决定条件。

窝阔台与拖雷之争

成吉思汗选定第三子窝阔台为继承人的时候，窝阔台谦逊地说：“只怕后世子孙不才，无法继承下去。”成吉思汗安慰他说：“即便你的子孙全都不才，我那么多儿子，就挑不出一个好的继承人来吗？”他当时并不知道，就是这句话，竟然酿造出了新的矛盾和无尽的纠纷。

窝阔台被指定为继承人以前，争斗最凶的是术赤和察合台，他被指定为继承人以后，和拖雷的矛盾逐渐激化。成吉思汗破坏传统的“幼子守灶”制度，决定传位给窝阔台后，为了补偿拖雷，把一大片土地和12.9万主力军中的10.1万人都交给了他，拖雷的势力迅速膨胀，足以和窝阔台相抗衡。

《元太宗真像》·元·无款

窝阔台统治期间，蒙古政权进行了一系列的改革，设立课税所和中书省，任命耶律楚材为中书令，这也标志着蒙古政权一系列封建化改革的开始。

1227年，成吉思汗去世，虽然遗命传位给窝阔台，却让拖雷暂时监国，同时表示“忽里台”制度仍然保留。拖雷拖延了整整两年，不肯召开“忽里台”选举可汗，在察合台和窝阔台党羽的竭力反对下，才被迫召开大会。

正史上记载，很多贵族都拥护拖雷，全靠拖雷反复游说，才终于选定窝阔台继承汗位。然而如果真是这样，大会就不会一拖两年，更不会开了40多天才出结果。总之，窝阔台占据上风后，开始逐步削减拖雷派的势力。

1232年，拖雷在钧州三峰山（今河南禹州境内）大败金军，取得决定性的胜利，回师途中，突然得到窝阔台重病不起的消息。拖雷匆忙前往侍奉，听萨满说，只有亲人代死，才能挽救大汗的性命。拖雷痛哭道："那就由我代替哥哥去死吧。"喝下萨满调制的符水，很快就咽了气，而窝阔台的病却奇迹般地好了——充满迷信色彩的故事背后，隐藏着残酷的政治斗争和浓重的杀机。

拖雷系夺得汗位

窝阔台死于1241年，遗命由第三子阔出的儿子失列门继承汗位，但其妻脱列哥那（乃马真后）属意于长子贵由（1206～1248），因为贵由远征未还，她就拖延"忽里台"的召开，自己临朝摄政。支持拖雷系的术赤之子拔都（1209～1256）在东欧建立了金帐汗国，至此和窝阔台系正式决裂，不再接受帝国中央的领导。

贵由继承汗位后，蒙古帝国内部分裂倾向更为明显，政治动荡，赋税加重，日益衰败。1248年，贵由去世，拔都又跳了出来，他不想继续由窝阔台系统治蒙古，就以成吉思汗长孙的身份，要求贵由妻海迷失后与众大臣共同治理朝政，直至新可汗继立。海迷失后的两个儿子忽察和脑忽都想被选，内部争斗不休，就给了拖雷系以可乘之机。

历史词典

窝阔台即位

窝阔台（1186～1241）是成吉思汗的第三个儿子。他为人敦厚，有智略。在成吉思汗西征攻打玉龙杰赤的战斗中，由于察合台与术赤不和，蒙古军受到很大损失。成吉思汗命令窝阔台指挥，他巧妙地调解了两个兄长的矛盾，才攻克了该城。1229年，拖雷召请诸王、大臣在怯绿连河（今克鲁伦河）上游的大斡耳朵举行"忽里台"，选举新大汗。虽然成吉思汗生前指定窝阔台为继承人，但拖雷作为按蒙古习俗继承家业的幼子，却掌握着大部分蒙古百姓和军队。拖雷并没有表态坚决推戴窝阔台，使窝阔台不得不一再推让汗位。最后，在耶律楚材的劝说下，拖雷和察合台（当时术赤已死）才决定奉窝阔台即大汗位。

术赤家族拥立拖雷的长子蒙哥（1208～1259），派军队护送蒙哥回归蒙古草原，用武力胁迫亲贵们召开"忽里台"，推选蒙哥为汗。1251年，蒙哥继承汗位，开始大规模削除异己，窝阔台、察合台两系的亲王们及其亲信被杀的被杀，被幽禁的被幽禁，这才结束了两派长达二十余年的汗位斗争。

细密画《贵由汗的宴会》

蒙哥对自己的兄弟们也不大放心。其弟忽必烈（1215~1294）受命经营中原地区，用汉法治理汉地，不但招致蒙古游牧贵族的不满，也使蒙哥大为惊惧，恐怕兄弟威望日重，将会威胁到自己的汗位。1257年，蒙哥解除忽必烈的兵权，并且派刘太平等亲信到陕西、河南等地征粮，趁便大肆迫害忽必烈的亲信。忽必烈急忙把妻子、女儿送到汗廷做人质，表明自己的忠心，蒙哥这才暂时罢手。

忽必烈即位

1257年，蒙哥亲征南宋，两年后在四川钓鱼城遭到重创，本人也受伤病死。蒙哥的异母弟末哥急忙派人送信给忽必烈，说："请你回漠北去，以你的威望维系天下人心。"当时忽必烈正在进攻淮河流域，认为无功而还将损害自己的威信，就没有及时动身。他留在草原的幼弟阿里不哥遂抢先一步，征发草原各军，准备以武力继承汗位。忽必烈的妻子察必听到这个消息，派人去责问说："发兵这样的大事，成吉思汗的曾孙真金（忽必烈和察必之子）就在这里，为何不让他知道？"

察必密报忽必烈，忽必烈召集众将商议。幕僚郝经说："很明显，阿里不哥已经行动起来了。大王虽然手握重兵，但如果阿里不哥宣称握有遗诏，正式继位，我们还回得去吗？愿大王以社稷为重，与南宋议和，然后亲率轻骑，直捣燕京，使他们的阴谋瓦解冰消。"忽必烈采纳了他的建议，急忙议和北上，1259年年底抵达燕京。阿里不哥派人请忽必烈尽速前往会葬蒙哥，就便参加"忽里台"，被忽必烈拒绝了。

次年三月，忽必烈到达上都开平，以蒙哥最年长兄弟的名义，亲自召开"忽里台"。当时，某些地位崇高的藩王，比如其弟旭烈兀、拔都弟别儿哥等人都未到会，因此虽然众人拥戴，忽必烈还是有点犹豫不决。谋臣廉希宪和商挺私下对他说："先发制人，后发制人，时机一

失，就再也追不回来了。”忽必烈听了这话，悚然出了一身冷汗，终于同意登上汗位。

两汗并立

次月，阿里不哥也在哈剌和林（今蒙古国哈尔和林，后简称“和林”）召开了一个“忽里台”，在另外一些藩王的拥戴下继位。就这样，蒙古帝国出现了两个可汗。东道诸王支持忽必烈，西道诸王或支持忽必烈，或支持阿里不哥。兄弟间的争斗，最终只能通过武力方式来解决了。忽必烈首先派兵在甘州（今甘肃张掖）击败阿里不哥派的阿蓝答儿和浑都海，控制陕西、四川，斩断了阿里不哥一条臂膀。

阿里不哥得不到来自中原的物资供应，被迫于1260年冬天起西撤到谦州（在今叶尼塞河中上游），忽必烈遂占领了成吉思汗时代的首都哈剌和林。阿里不哥一方面派人控制察合台汗国（包括今新疆西部和阿富汗等地区），一方面遣使向忽必烈表示：“我因无知而犯罪，希望您予以宽恕。我绝不再违背兄长的命令了，一等秋高马肥，必定前往上都觐见。”用这种假话来延缓忽必烈的进攻。

阿里不哥兵败而降

1261年秋，阿里不哥奇袭哈剌和林，忽必烈自开平亲征，十一月，两军在昔土木脑儿（今蒙古国苏赫巴托省南部）展开大战，阿里不哥兵败逃亡，从此势力日蹙，众叛亲离，阿鲁忽（察合台后裔，受阿里不哥命派往察合台汗国执政）、旭烈兀（时为伊儿汗国可汗）等藩王全都倒向忽必烈一边。1264年7月，走投无路的阿里不哥只好来到开平觐见忽必烈，表示归顺。忽必烈问他：“你说说看，按道理讲，你我兄弟谁应该继承汗位？”阿里不哥把头一昂，回答说：“原来我是对的，现在大汗你是对的。”他只承认失败，不承认忽必烈具有道理。

忽必烈闻言大为恼怒，立刻下令软禁阿里不哥及支持他的诸王，而后将其党羽全部诛杀。1264年，忽必烈将开平改为“上都”，燕京改称“中都”。1271年建国号为“大元”。1272年，改中都为大都。忽必烈就是元世祖。草原蒙古帝国的主体，从此转化为一个中原王朝。

·人物·
黄金家族

22

⏲时间：元朝

四大汗国

元朝在中央直辖的领地之外，还有所谓的四大汗国：钦察汗国、察合台汗国、窝阔台汗国和伊利汗国。四大汗国的统治者在血统上出自成吉思汗“黄金家族”，彼此血脉相连，因而同奉入主中原的元朝为宗主，与元朝驿路相通。

钦察汗国

钦察汗国实际上有两个：西钦察汗国和东钦察汗国。东西两个钦察汗国加在一起，是四个汗国中幅员最广的一个。

西钦察汗国由成吉思汗的孙子、术赤次子、西征统帅拔都建于1242年，其版图相当于苏联的欧洲领土，再加上罗马尼亚与保加利亚，以及今天属于波兰的加利西亚。由于拔都的大帐使用金顶，因此在欧洲史书中钦察汗国也被称作“金帐汗国”。西钦察汗国曾经盛极一时，到1357年后，则开始走向衰落，其内部篡弑寻复、小汗林立，最终于1480年被俄罗斯的伊凡三世所灭。

东钦察汗国的创立者是术赤的长子斡儿达，其封地是拔都让给他的：西与西钦察汗国为邻，南与察合台汗国为邻。东钦察汗国在第十一汗脱脱迷失在位时，于1381年吞并了钦察的西半部。最后内部分裂，他于1405年死在西伯利亚。他死后20年，东钦察汗国消亡。

察合台汗国和窝阔台汗国

察合台汗国和窝阔台汗国的一部分位于今中国境内，距离元朝本土较近。两汗国曾公开反对忽必烈的汉化政策，与元朝为敌。直到14世纪时察合台汗国吞并了窝阔台汗国，才承认元朝的宗主地位。

窝阔台汗国是四个汗国中幅员最小，历史最短的一个。其领地包括今蒙古的西部与新疆的北部，以及额尔齐斯河、额敏河和亦列河（今伊犁河）三条河流的下游。窝阔台可汗之子海都公开反叛元朝廷，窝阔台

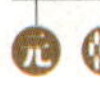

汗国的历史也仅及于海都之子察八儿。

察合台汗国的领地较窝阔台汗国要大，历史也要长。当察合台受封的时候，其国的封地东及亦列河，西及锡尔河，南及阿姆河，而以垂河流域位于核心。14世纪察合台汗国的第十位君主笃哇在位时，窝阔台汗国旧壤的大部分划入察合台汗国，新疆的西南部由于忽必烈大汗鞭长莫及，也归入了察合台汗国。

伊利汗国

伊利汗国的建立者是拖雷之子旭烈兀，与元朝统治者同为拖雷后裔，关系也较其他汗国更为密切。其版图包括今天的伊朗、伊拉克、阿富汗、叙利亚的一部分，还有今日属于土耳其的小阿美尼亚。旭烈兀于1258年打下巴格达，后又一度占领叙利亚的阿勒颇与大马士革。元朝与伊利汗国经济和文化交流十分频繁。

细密画《旭烈兀围攻巴格达图》

1257 年，旭烈兀和他麾下大将郭侃率领的军队抵达巴格达。旭烈兀向巴格达的哈里发穆斯台绥木劝降，阿拉伯人拒绝投降。于是蒙古军队开始攻城。1258 年 2 月 10 日，巴格达开城投降。蒙古军队展开了长达一个星期的屠城，数十万居民在屠杀中丧生，哈里发穆斯台绥木被纵马踏死，历史名城巴格达遭受浩劫。

·人物·
速不台
拔都

23

时间：1235 ~ 1241

长子西征

1235年，窝阔台召集诸王大会，决定继续西征。任命术赤的王位继承者拔都为总指挥，成吉思汗的"四獒"之一、战功卓著的速不台也被任命为西征先锋。其他诸王和万户、千户、百户、十户长以及公主、驸马也都派长子从征。历史上称这次行动为"长子西征"。

天为我开路

1236年，诸军会师，首先进攻位于伏尔加河中游的不里阿耳。速不台一举征服不里阿耳都城，大肆杀掠后将该城焚毁。接着宗王商定各自率军行动，沿途攻打、占领经过的地区。

蒙哥从左翼沿着里海海岸逼临钦察部，一部分钦察部人归降。但钦察部另一个首领八赤蛮拒不投降。他行踪飘忽，带领部下出入于伏尔加河下游的密林中，不断袭击蒙古军队。蒙哥下令建造了二百条船，每船载一百名全副武装的士兵。他自己则和弟弟拔绰沿河搜索。

在河畔的一座树林中，他们发现一些新鲜的马粪，显然是有人刚从那里撤离。于是催马追赶。他们从一个老妇处得知，八赤蛮已带着辎重转移到里海中的一个小岛上。蒙古军追至里海边，苦于无船渡海，突然刮起大风，海水退潮。蒙哥大喜道："这是天为我开路！"蒙古骑兵涉水登岛，全歼钦察军，擒获了八赤蛮。八赤蛮是条硬汉，宁死不肯下跪，他说：

《二马图》·元·任仁发

整幅图画面很简单，画幅前边是一匹壮实、膘肥肉厚的花马，昂首，踏着轻快的碎步，尾巴扬起飘动。跟在它身后的则是一匹骨瘦如柴的马，条条肋骨清晰可见，低着头，步履蹒跚，显出吃力的疲态。画家以其写实的手法，采用勾勒的笔法，线条极富表现力。

“赶紧杀我，我是一国之主，岂能苟且偷生！何况人不是骆驼，没有理由下跪！”蒙哥于是下令把他砍成两半。

威震欧亚

西征军一路所向披靡，1237年，蒙古军攻入斡罗思。连续攻克莫斯科等14城。蒙古军队使用威力巨大的巨型抛石机作为攻城器械，用于抛击的石头需要4人才能抬动。1240年秋，拔都亲率大军包围乞瓦城（今乌克兰基辅），各路蒙古军云集该地，兵势极盛，刀光闪耀，骆驼啸叫，战马嘶鸣，以致人们说话彼此都听不见。拔都下令四周架炮，昼夜攻城。乞瓦城300年来一直是斡罗思的国都，城墙高耸，工事坚固，守将德米特尔率领军民顽强抵抗。11月，蒙古军队用火炮轰塌了乞瓦城一处城墙，蜂拥而入，纵兵杀掠。德米特尔受伤被俘，拔都赞赏他的忠勇，赦免不杀。

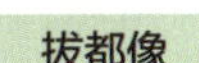

拔都像

1241年，拔都兵分两路，侵入孛烈儿（今波兰）、马扎儿（今匈牙利），蒙古军在累格尼茨（今波兰西部）大败孛烈儿、捏迷思（德意志）联军。速不台大破马扎儿军。蒙古铁骑抵达亚得里亚海，整个欧洲为之震动。教皇和基督教国家的统治者把蒙古的入侵视为天罚，在百般无奈中，只能乞求上帝的怜悯。

·人物·
贵由

24

⏲时间：1246 ~ 1248

贵由汗的统治

窝阔台生前立有六个哈敦（皇后），分守四个斡耳朵（宫帐）。他死后，按照传统先例，应由大皇后木哥哈敦继守大斡耳朵，发号施令，召集百姓。不料，窝阔台死后的第二年，即1242年春，木哥哈敦也逝世，于是六皇后脱列哥那哈敦继守大斡耳朵，称制摄政。

汗位之争

元太宗窝阔台生前有旨，将汗位传给他所钟爱的第三子阔出，不料阔出于1236年早逝，于是，他把阔出之子、皇孙失列门立为汗位继承人。脱列哥那临朝摄政后，打算推翻窝阔台“以皇孙失列门为嗣”的遗诏，改立自己的亲生儿子贵由。这样，汗位继承上的矛盾又一次爆发了。

脱列哥那的做法，在黄金家族内部遭到反对。贵由是太宗的长子，曾跟从拔都参加西征。两人在征服钦察等部时，曾经发生过公开的冲突，积怨甚深，所以拔都坚决反对改立贵由。太宗第二子阔端，经略河西有功，也想要争取汗位，只是因为身体有病，难以如愿。他采取中立态度，对改立贵由一事拒绝表态。

雪上加霜的是，成吉思汗的幼弟铁木哥斡赤斤，乘窝阔台死后，率领左翼大军前来报复旧怨，要求索还原属于他的左翼诸部人口，这一行动被认为是起兵争位。铁木哥斡赤斤的左翼大军向设在和林的大斡耳朵进发的消息传开，上下一片骚动。鉴于“事起仓促”，朝中有人主张“西迁以避之”。在这关头，耶律楚材说：“朝廷是天下根本，根本一摇，天下将乱。”根据耶律楚材的建议，脱列哥那派遣使者去询问铁木哥斡赤斤带军前来的用意，并转告

蒙古大汗银币

他说："我是你的侄媳，对你存有期望，一切问题都好商量。"当脱列哥那问明铁木哥斡赤斤的来意后，立即归还了被太宗掠来的左翼家属和家仆。铁木哥斡赤斤见自己的要求得到满足，于是改口说他是为奔丧而来，随即引兵退去，一场风波遂告平息。

脱列哥那抓紧时机争取宗王、贵族支持，也不放过对朝中大臣的拉拢。1243年，脱列哥那就储嗣问题征求耶律楚材的意见，耶律楚材无意介入汗位纠纷，回答说："此非外姓臣所当议。自有先帝遗诏在，遵之，则社稷幸甚。"当时，朝中外姓大臣为避免在汗位纷争中招祸，多取这种观望态度。另一个先朝重臣、畏兀儿人镇海，辞去中书右丞相的官职，前去投靠在汗位争夺中持中立态度的阔端。主管西域财赋的花剌子模人牙老瓦赤，因诬构、贪贿事发，也畏罪逃依阔端。朝中大臣的进退，反映了这场汗位争夺的激烈程度。

贵由亲政

脱列哥那经过努力，终于争取到了铁木哥斡赤斤等东部诸王和阔端的支持，于1246年春，召集诸王百官大会，议立新汗。

这次大会推翻了太宗的遗诏，借口失列门尚未成年，不是治理国家的合适人选；贵由有参加西征的经历，是太宗长子，继承汗位顺理成章。这样，贵由终于在八月二十四即汗位于"距昔剌斡耳朵不远，在月儿灭怯土之地的金斡耳朵"（今鄂尔浑河上游）。

细密画《贵由汗处理朝政》

贵由即位后，脱列哥那继续参与朝政。脱列哥那继续奉行太宗以来的各项制度和政策，并重用太宗时代的一些老臣，如耶律楚材仍在朝廷主管汉文文书和汉地公务。在太宗时以扑卖中原赋税而遭到耶律楚材反对的西域人奥都剌合蛮，继续充任提领诸路课税所官。畏兀儿人镇海返回朝廷，仍拜中书右丞相。

被脱列哥那扶上大汗宝座的贵由，并非听人摆布的懦弱之辈。他素以执法严峻可畏而闻名。他的个性，绝不会坐视母后继续干政，绝不会容忍诸王的违法行为而袖手旁观。因此，贵由即位伊始，就采取强硬手段来扫除一切有碍他亲政和树立大汗权威的因素。

处决女巫法迪玛，是贵由汗树立权威的第一个行动。法迪玛原是波斯的一名女巫，被俘后来到哈剌和林，太宗在世时即开始接近脱列哥那。脱列哥那摄政时，法迪玛成为“机密的参与者、秘务的知情人”。她在脱列哥那摄政期间，“权势倾朝”，“任意发号施令”。她的行为早就引起了大臣们的不满。

为了清除亲政道路上的障碍，贵由决心借机除掉脱列哥那倚为得力助手的法迪玛。贵由汗即位后，她被告以巫术蛊害阔端。但是，法迪玛在脱列哥那的庇护下有恃无恐。贵由多次遣使向脱列哥那索取法迪玛，均遭到拒绝。为此母子关系变得十分恶劣。贵由汗除掉法迪玛的决心毫不动摇，脱列哥那无可奈何，只得被迫将法迪玛交给贵由处置。法迪玛随即被贵由处死。法迪玛死后不久，脱列哥那也去世了。这样，贵由汗便从他母亲手中夺回了权力，可以放手推行他的强硬政策了。

命归西途

在以严厉的手段安顿好内部事务之后，贵由汗开始着手处理与汗廷有关的外部事务了。在这方面，他明显地表现出忽视东方、偏重西方的倾向。在他短暂的执政期内，对东方的行动，主要体现在两个方面：一是以高丽岁贡不入为借口，于1247年遣将攻至江华岛西北，1248年，继续遣兵侵入高丽北界；二是针对南宋王朝，于1246年遣军“分四道入蜀”，派万户史权等“耀兵淮南”，进围黄州（今属湖北）。与东方的行动相比，贵由汗在西方的行动则带有强烈的征服意图。

1247年秋，贵由汗“西巡”。这一年他在他的冬季驻地过了冬。1248年新年，他借口他的封地叶密立（今新疆额敏县东）的空气和水土适合他养病，于是从驻地起程，亲率大军浩浩荡荡地向西域诸城进发。

拖雷之妻唆鲁禾帖尼见贵由仓促出行，暗中遣使密告拔都，通报贵由已率大军向彼方推进，要其做好迎战准备。拖雷之妻疑心贵由“西巡”的真正意图是去攻打拔都，不无依据，史书上有所记载，“定宗皇帝征把秃王（即拔都王）”。另外，喀尔平尼在归途中离开俄国前，也曾听到拔都率军东进反对贵由的消息。种种迹象表明，贵由此举来意不善，而拔都也早有防备。两军相遇，必有一番较量。

但是，贵由却突然在途中暴死于横相乙儿之地（今新疆青河县南），时间在当年三月。当时拔都正打着朝觐大汗的

旗号，由他的驻地率大军向东进发，准备去见贵由汗。“他是在一处叫做阿剌合马黑的地方闻其死讯的，该地距海押立（今哈萨克斯坦巴尔喀什湖东南）有一星期的途程。”据一个后来曾经进入过贵由汗斡耳朵所在地的西方教士鲁布鲁克记载，他听到关于贵由死因有两种谣传：一说贵由系吃毒药而死的，“据估计投药者是拔都”；另一说是拔都听说贵由要召他“表示臣服”，感到害怕，便派他的兄弟昔班前去见面，二人在吃酒时发生争吵，结果互相“把对方杀死”。

贵由在位三年（1246～1248），终年43岁。后追谥简平皇帝，庙号定宗。《元史》说他葬起辇谷，不确。据考，当与其父窝阔台同葬于其封地叶密立附近的高山上。因为“贵由死后具有优越的条件，不大可能要把遗体运到别处安葬而不葬在他的叶密立封地”。

贵由在他短暂统治的时间内，推行强硬政策，消除异己势力，却树立了更多的异己势力：失列门、阔端争位不成，使窝阔台系内部产生裂痕；改立也速蒙哥，使察合台旧主哈剌旭烈儿产生不满；诛杀斡赤斤的部属，引起东道诸王的愤恨；出征拔都，造成贵由死后拔都恃强推举蒙哥。这些都为以后的汗位争夺留下了隐患，为拖雷系从窝阔台系手中夺走汗位准备了条件。

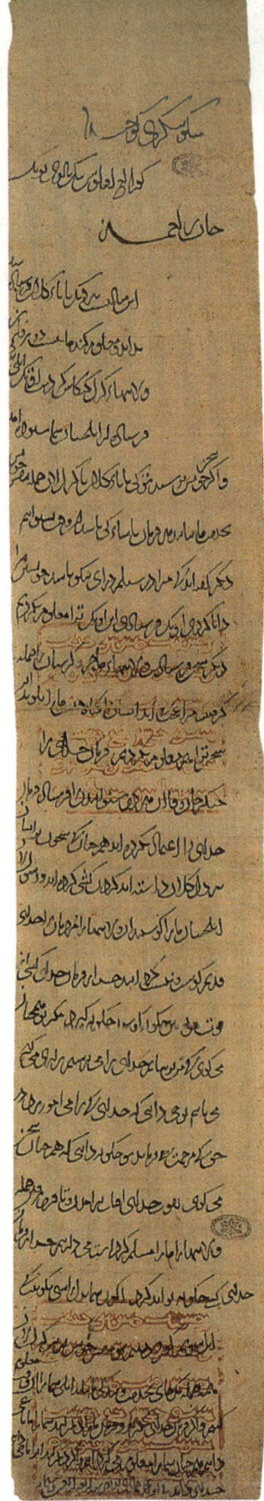

贵由汗给教皇英诺森四世的书信

书信写道：“天神的力量，全人类的皇帝，致大教皇的真实信札。”驳斥了教皇的斥责和劝诫，将蒙古人军事征服的成功归诸天神的偏爱。

·人物·
蒙哥

25

时间：1251

蒙哥继承汗位

贵由去世后，由谁来继承汗位又成了蒙古统治集团内部最重大的问题。年龄最大、声望最隆、兵权最大的是驻跸在钦察草原的宗王拔都，他是成吉思汗长子术赤的儿子，也是术赤法定的继承人。

术赤家族拥立蒙哥

贵由死后，术赤的儿子拔都以长兄（长支宗王）身份，接二连三地向各方面派出急使，邀请同族和宗亲们、全体亲王们前来举行“忽里台”大会，以便拥立一个能干的、合适的人登临大位。窝阔台、贵由、察合台的后裔们拒不接受邀请，他们说：“成吉思汗的根本在斡难河和怯绿连河，我们为什么要到钦察草原去开‘忽里台’大会呢？”不过慑于拔都的威望，他们还是派出了代表去到了拔都那里，向他保证说：“因为拔都是全体宗王的长者，他的命令是大家务必遵守的，他所赞同的，我们无论如何也不违反。”

拖雷的妻子唆鲁禾帖尼得知这一消息后，对她的长子蒙哥说：“既然宗王们不听长兄的话，不肯亲自去拜见他，你就带着兄弟们去探望他一下，也好借机联络一下感情。”蒙哥遵循母亲的吩咐来到了钦察草原。当这一对堂兄弟见面，蒙哥虔诚而又恭敬地问候拔都，拔都亲眼看到了他的能干和成熟，于是说：“在所有的宗王中，只有蒙哥具有一个大汗所需要的禀赋和才能，他不止一次地率军队作战，并且才智出众；他在窝阔台可汗、其他宗王和将领们的心中，受到充分的尊重。如今适合君临天下的只有蒙哥一人，成吉思汗家族中还有哪一个宗王能够凭借正确的判断和清晰的思想去掌握军队？只有蒙哥。他的父亲是成吉思汗的幼子，按照蒙古人的习惯，父位是传给幼子的，因此蒙哥具备登临大位的先决条件。”拔都说完这些话后，便向其他宗王和将领们派去了急使，说明所有宗王之中，只有蒙哥耳闻目睹过成吉思汗的札撒和诏敕，只有立他为大汗，才符合大蒙古帝国的利益。唆鲁禾帖尼得知这个消息后，异常高兴。

拔都心直口快，他召集了自己的兄弟和整个术赤家族，还有右翼诸王中察合台的后裔合剌旭烈兀，宴饮了数天，他们订立了协议，拥立蒙哥即位。按照蒙古人的习俗，拔都站了起来，全体宗王和将领们一齐解开腰带，脱下帽子，跪了下来。拔都举起杯子，就在自己所在之地确定了蒙哥继承汗位，全体在场的人宣誓效忠，决定次年举行“忽里台”大会。

终登汗位

消息传开后，最忙碌的是蒙哥的母亲唆鲁禾帖尼。她派人向拔都表示感谢，又向所有的宗王发出邀请，希望他们出席为儿子登基而举行的“忽里台”大会。但是窝阔台和贵由系的部分宗王、察合台的后裔也速蒙哥、不里拒绝出席，他们多次派人去对拔都说：“我们不同意蒙哥出任大汗。帝位应当是我们的，你怎么能给别人呢？”拔都回答说：“我已在宗王们面前表了态。既然有言在先，怎能无故撤销？如果不立蒙哥为大汗，帝位之事就会受到无可补救的损害。你们如果仔细考虑就会明白，立蒙哥为大汗，已经考虑了窝阔台子孙的利益。要统率广袤的蒙古帝国，只有蒙哥能担此重任。”这一年在争吵中度过，“忽里台”大会一直未能开成。

蒙哥汗时期银币

时间过得飞快，第二年也过去了一半，蒙古的各派势力仍然没有达成协议，蒙哥和唆鲁禾帖尼对此焦灼不安，他们向所有的反对派派去了使者，但是没有结果。别儿哥派人报告拔都说：“时间已经过去两年了，窝阔台、贵由的后裔以及察合台的儿子也速蒙哥还没到来。”拔都说：“你只管拥立蒙哥登位吧，那些背弃札撒的人都得掉脑袋。”这样，那些宗王们慑于压力，才姗姗前来。1251年的一天，太阳穿云破雾，冉冉升起，蒙哥在都城哈剌和林登上了汗位，他就是历史上的元宪宗。

人物
忽必烈

26

时间：1260 ~ 1271

忽必烈夺位建元

蒙哥即位以后，派弟弟忽必烈主管整个北方地区的军事、行政事务，忽必烈因此有机会结识了一批有学问的汉族知识分子。像僧侣刘秉忠、学者张文谦、王鹗、郝经、姚枢等，都是忽必烈搜罗来的谋士。在这些谋士的影响下，忽必烈开始倾心于中原地方的政治制度。忽必烈在滦河北岸的龙岗（今内蒙古自治区多伦县西北）建造了一座新的城市开平，开平后来成了忽必烈的势力中心。

攻南宋蒙哥病死军中

1258年（南宋理宗宝祐六年），蒙哥发动三路大军进攻南宋。他亲自率领主力军打四川，命忽必烈攻鄂州（今湖北武汉），老将速不台的儿子兀良合台从云南包抄过来，打潭州（今湖南长沙）。三路大军准备在鄂州会师，一起进攻南宋的都城临安（今浙江杭州）。

蒙哥的大军攻占了利州（今四川广元），沿嘉陵江南下，准备进攻重庆。这年年底，蒙古军到达合州（今重庆合川）。合州在嘉陵江东岸，地势险要，是重庆北边的门户。十多年前，南宋名将孟珙就在合州东边钓鱼山筑城修堡，防御蒙古军队。孟珙死后，部将王坚守合州，他调集十万军民扩建了钓鱼城，加强了防御能力。第二年春天，蒙古军队到达合州城下，双方展开激烈的攻守战，蒙古军队始终没能攻破合州和钓鱼城。夏天来临，天气炎热，从北方来的蒙古军队很不适应这里的气候，许多蒙古士兵得了痢疾。蒙哥很着急，就亲自率领军队猛攻合州城，还是攻不下来。前锋汪德臣选择了一批精兵，组成敢死队，趁黑夜爬上城墙，王坚率领宋兵拼命抵抗，再次将蒙古军击退。合州城未下，汪德臣病死。不久蒙哥也病死营中，蒙古军只得退兵。

开平和林两汗立

这时候忽必烈正在向鄂州推进，蒙哥的死讯传来以后，为了能北上和林，他加紧进攻鄂州。此时南宋援军已到，鄂州一时攻不下来，而幼弟阿里不哥正准备抢先在和林登大汗宝座。忽必烈一筹莫展。这时候，南宋宰相贾似道派人来求和，谋臣郝经向忽必烈献计：一面派遣军队去迎接蒙哥的灵车，抢先夺下大汗的宝玺；一面与贾似道议和，签订密约，迅速撤军，派轻骑兵赶到燕京（今北京），防止阿里不哥的势力南下。忽必烈采纳了他的计策，于1260年春天赶到开平，召集支持他的诸王贵族开会，宣布即位。并且按汉人纪元的方法，把当年定为中统元年。元朝有年号，也自忽必烈开始。

阿里不哥是拖雷的小儿子。根据蒙古人“幼子守灶”的习惯，他负责留守蒙古国的都城和林。在阿里不哥周围的一批蒙古贵族都反对“汉法”，主张用蒙古法来治理国家，他们对忽必烈的汉化政策自然是反对的，拥护阿里不哥继位大汗也成了他们的理想。蒙哥死讯传来，阿里不哥立刻采取夺位措施：一方面发布大赦令，任命他的支持者担任各级官吏；另一方面派军队占领燕京和陕西一带，摆开阵势，准备阻止忽必烈北上。谁知忽必烈比他动作更快，出其不意地拿下燕京之后，已经在开平即位了，阿里不哥只好匆忙在和林召开大会，宣布自己为大汗。

忽必烈建元

正在和林的“大汗”阿里不哥大赦大封的时候，忽必烈已经采取了军事行动。忽必烈先派畏吾儿人廉希宪到陕西，把阿里不哥的支持者全部清除；自己则亲自带兵攻打和林。阿里不哥从和林逃走。他怕忽必烈追来，就施出一套缓兵计，派人向忽必烈表示忏悔，并承认忽必烈为大汗，还说：“本当马上亲来朝拜，只因现在马匹很瘦，等马匹养肥之后，再同察合台汗国的阿鲁忽王等一起

元世祖忽必烈像·元·无款

正是在忽必烈的努力之下，建立了幅员辽阔的统一多民族国家——元朝，定都大都（今北京）。

《元世祖出猎图》（局部）· 元 · 刘贯道

此图是元世祖至元年间（1264 ～ 1294）的画家刘贯道根据元世祖忽必烈于深秋初冬之时率随从出猎时的情景所绘，画中骑黑马衣着白裘者，应为元世祖。与世祖并辔衣白袍者，似为皇后。其余男女八骑，应是其侍从，或弯弓，或架鹰，或纵犬，或携猎豹。现藏于中国台北故宫博物院。

来朝拜。”忽必烈回答说：“我相信弟弟说的话，但是希望弟弟不必等待其他诸王，可先到我这儿来会面。”于是他派堂弟也孙哥驻守和林，等待阿里不哥，自己先回开平了。

1261年秋天，阿里不哥眼看马儿已经养肥了，假意派人到和林也孙哥那儿投降，也孙哥信以为真，毫无准备。阿里不哥发动突然袭击，又把和林夺了回去。忽必烈得到消息，马上带兵迎战。双方交战于戈壁沙

漠以南，阿里不哥大败，逃回和林。不料阿鲁忽王此时也起兵反对阿里不哥，阿里不哥只得逃往今天的新疆地区。以后阿里不哥多次被打败，加上蒙古高原上年景不好，发生了饥荒，支持他的诸王眼看阿里不哥没有希望了，纷纷向忽必烈投降归顺。走投无路的阿里不哥只得在至元元年（1264）硬着头皮来向忽必烈请罪，被赦免，但在一个月后就“病死”了。

忽必烈在平定阿里不哥以后，把政治中心从和林移到中原，继续推行汉法。至元八年（1271），在进攻南宋取得不断胜利的形势下，忽必烈根据刘秉忠的建议，取《易经》上“大哉乾元”之意，将蒙古国的国号定为“大元”。第二年，忽必烈将燕京改名为大都，正式定为全国的首都。

延伸阅读

忽必烈征服大理

窝阔台汗末年以来，蒙古与南宋双方在长江沿岸和四川地区处于拉锯状态。蒙哥即位以后，派忽必烈领兵进攻南宋。忽必烈意识到南宋在正面防守严密，一时难以攻克，于是奏请蒙哥汗先攻占大理，然后从侧后包抄南宋，得到蒙哥汗的同意。1252年秋，忽必烈率军出征，由大将兀良合台总督军事。1253年夏天，忽必烈大军取道吐蕃境内（今四川西部），分兵三路进攻大理。同年冬天，蒙古军渡过金沙江，降服麽些（今丽江纳西族）诸部，包围了大理城。大理国王段兴智派兵出城迎战，大败，弃城逃跑，蒙古军占领了大理城。1254年春，忽必烈留下兀良合台领兵继续攻打大理还没有归服的部落，自己则率其余军队北还。同年秋，兀良合台率军攻占善阐（又称押赤，今昆明），俘虏了大理国王段兴智。到1255年，大理全境被蒙古征服，蒙古统治者在这里设立了19个万户府进行统治。从8世纪中叶以来，历时500余年，一直处于半独立状态的云南地区，到这时也被并入蒙古的统治下，从而使云南与内地重新归于统一。

·人物·
察必皇后

27

⏲时间：1227 ~ 1281

贤内助察必皇后

元世祖忽必烈是元代非常有作为的一位皇帝，成就很大。他的妻子察必皇后也有一份功劳。《元史》上对察必皇后评价颇高，说她为人聪敏，有办事能力，对元初的政治不无匡扶之功。

居安思危

至元十三年（1276），元军灭南宋，幼主赵㬎投降，世祖忽必烈在上都大摆宴席，酒酣耳热，君臣无不笑逐颜开，只有皇后察必一人若有所思，闷闷不乐。世祖便问皇后："现在江南已经平定，从此不必再大动干戈，大家都高高兴兴举杯庆贺，为什么你一人面无喜色呢？"皇后跪在地上答道："我听说从古到今不曾有过一个朝代能千年相传，但愿我们的子孙不会蒙受亡国的厄运。"世祖听了，连连点头称是。

《元世祖察必皇后像》·元·无款

察必皇后（1227 ~ 1281），蒙古弘吉剌氏人，元世祖忽必烈的皇后，太子真金的生母。根据《元史》记载，察必皇后生性节俭，曾将宫中废弃的羊皮缝补为地毯，还带领宫人将废弓弦加工织成布匹。

世祖命人将从宋国库夺来的珍宝搬到殿庭上，陪同皇后一起参观。皇后漫不经心地看了一下转身就走。世祖感到很纳闷，就派人去追问皇后，看中了什么东西尽管拿。皇后说："宋人珍藏这么多宝物打算留给赵家后代，可是他们的不肖子孙却无法守住这些珍宝，现在全都归我们所有，我怎么忍心从中挑一件物品呢？"世祖知道皇后是在提醒自己要居安思危，力保长治久安，便说："讲得对，人无远虑，必有近忧，还是皇后有远见。"从此励精图治，不敢怠慢国事。

慈贤怀仁

一次，朝臣献上草图，上奏要在京城近郊圈地做牧场，牧养宫中的马匹，忽必烈欣然应允。皇后感到不妥，但又不便直言，就责备在一旁的太保刘秉忠："你是个聪明的汉人，皇帝对你言听计从，你明知这样做不对，为什么不劝阻一下？我们刚到这里时圈地牧马还讲得过去，现在天下已定，郊外的田地也各有其主，大家安居乐业，再强行将良田变为牧场，不是太过分了吗？"这席话其实是说给皇帝听的，忽必烈感到言之有理，就打消了圈地放牧的计划。

察必皇后对被俘的宋皇室成员也比较照顾，她发现南宋太后全氏在北方水土不服，三次上奏请求将她遣归江南。忽必烈对她说："你这个女人没有见识，如让她们南归，一旦谗言谣传，她们就会有生命之虞。你让她们南归不是害了她们吗？还不如在这里对她们多加关照。"皇后想想也不无道理，以后在各方面对全氏更加照顾。

细密画《元世祖和察必皇后》

察必皇后善于规劝皇帝，自己也勇于改过。有一次，皇后向太府监取了一些丝绸布料。皇帝知道后就说："这些布料不是私家物品，都是供军用的，怎么可以擅自索取呢？"皇后知错就改，从此常带领宫女纺纱织布，还利用旧的弓弦织成衣服，把废弃的羊皮缝制成地毯，在宫中倡导勤俭的风气。

当时，蒙古人的帽子没有前檐，世祖射箭时，觉得太阳刺眼，回宫后对皇后说起此事，皇后就在帽子前面加了个遮阳的帽檐。世祖大喜，下令命部下仿效。察必皇后还设计了一种前短后长便于骑射的马服，名为"比甲"，在当时颇为流行。

·人物·
忽必烈

28 推行汉法

时间：1260 ~ 1277

忽必烈于1260年颁布了即位诏书。他在诏书中指明成吉思汗创业以来的50余年中，“武功迭兴，文治多缺”，表示“爰当临御之始，宜新弘远之规”，决心“建极体元，与民更始”。他大力推行汉法，使大蒙古国面目一新。

建元立制

忽必烈首先建立年号、国号和礼仪制度，并把都城移向中原地区。即位不久，1260年，他就宣布建元“中统”，采用中国传统的王朝年号纪年。他的《建元诏》说：“建元表岁，示人君万世之传；纪时书王，见天下一家之义。”1264年阿里不哥归降后，他改年号为“至元”。至元八年（1271）十一月，他又宣布将“大蒙古”国号改为“大元”。新国号取《易经》“大哉乾元”的意义，表示国家的极其广大。除了建年号，改国号，至元三年（1266）他在燕京设立太庙，祭祀祖宗；至元七年（1270）制定朝仪，采纳中原的礼仪制度。

大蒙古国的都城原来是漠北的和林，忽必烈放弃和林，在漠南和中原设两个都城。中统四年（1263）五月，升开平府为上都；次年八月，又改燕京为中都。起先以上都为主，但他从至元三年（1266）起积极在中都营造新的皇宫和城墙，至元九年（1272）命名这个新城为大都（包括原有的中都）。后来，大都的地位逐渐超过了上都。至于和林，则变成了地方机构宣慰司的治所。

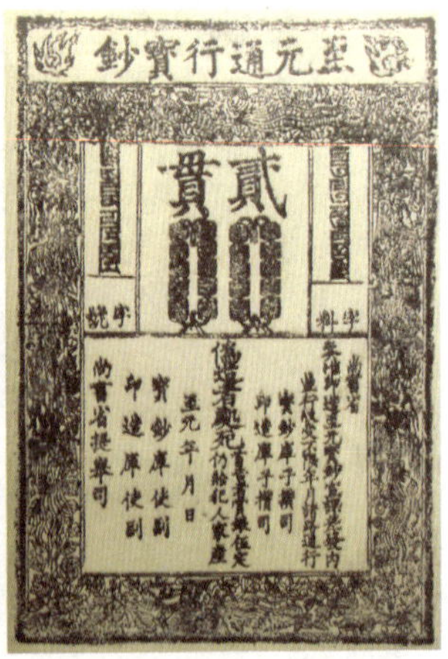

“至元通行宝钞”及铜印版·元

忽必烈建立了国家机构和职官制度，确定中央集权的封建专制统治。大蒙古国有自己的一套国家制度，但比

中原王朝的体制要简略得多。在征服中原的过程中，木华黎、窝阔台也沿用一些金朝旧制，但没有一定的规程。忽必烈即位以后，命刘秉忠、许衡考定前代典式，参照当今情况，逐步确定了国家机构和职官制度。在中央，1260年，正式建立中书省，执掌政事。中书令后由皇太子兼领，实际负责的是左右丞相、平章政事和左右丞。中统四年（1263），设立枢密院，主管军务，枢密使也由皇太子兼领，实际负责的是知枢密院事、同知枢密院事和枢密副使。至元五年（1268）设立御史台，长官为御史大夫，副职为御史中丞，掌握对百官的纠察。平定南宋后增置江南行御史台，后又置陕西行御史台。另设大宗正府，置达鲁花赤（断事官），但渐渐只管理蒙古公事。在地方上，即位之初就设置宣抚司，又设宣慰司，主持日常军民政事，上隶行中书省，下辖路、府、州、县。又设提刑按察司（后改为肃政廉访司），分别隶属于御史台或行御史台。遇有征伐，在特定地区设置行枢密院，是临时机构。忽必烈订立制度，使官有常职、位有常员、食有常禄，而且尽量录用了故老旧臣、山林遗逸和具有才学的人。

在建立国家机构和职官制度的同时，为了加强中央集权，忽必烈还限制诸王勋贵的特权，禁止他们的越规违制行为，如不许任意使用驿传，不许擅取官物，不许擅征赋役，不许擅招民户，等等。

农业政策

忽必烈还实行劝农政策，使农业得到恢复和发展。忽必烈在中统元年（1260）设置十路宣抚司时，就规定宣抚使有劝农的职责，后来的提刑按察司、肃政廉访司都是这样。从中统二年（1261）起，又在中枢建立了劝导督察农事的机构，先称劝

延伸阅读

设立十路宣抚司

中统元年（1260）五月，忽必烈在中原地区设置了十路宣抚司，作为地方行政机构。每个宣抚司分领一路或数路，由忽必烈派遣藩府的旧臣廉希宪、赵璧等人出任宣抚使、副使，他们大多数是汉人或者是汉化程度较高的色目人，作为朝廷特命的使臣，监督和处理地方财赋、刑罚、农桑等政务。设置宣抚司的主要目的是要整饬各路政治，以稳定社会，并为北征阿里不哥征集钱粮，是一种临时的差遣。但是，由于宣抚司只能处理民政而没有处置军务的权力，宣抚使、副使不能应付发生叛乱或社会治安等方面特殊情况，于是忽必烈又在一些地区改设行中书省，作为统治军民的机构。到中统二年（1261）十一月，十路宣抚司就被取消了。

农司，后改为司农司、大司农司。这个机构的主要职责是“劝诱百姓，开垦田土，种植桑枣”。从至元元年（1264）起，规定以“户口增，田野辟”作为考课官吏的首要标准。而且采取一系列措施招集逃亡百姓、鼓励开荒、发展屯田、兴修水利，限制“抑良为奴”，禁止军队占农田为牧场和践毁庄稼，禁止擅兴妨碍农时的不急的劳役。到13世纪60年代末70年代初，中原地区长期遭到破坏的农业生产基本上得到恢复，有的地方甚至得到了发展。这种情况使中原文明的保存和延续有了可靠的物质基础，使蒙古社会制度的封建化有了新的物质内容。

提倡儒学

忽必烈承认和提倡以儒学为主体的汉族传统文化，并设立国子学，用汉文化教育勋戚子弟。忽必烈在任藩王时已经深受儒学的影响。他所延聘的儒士不断向他讲述儒学的道理。1252年，元好问与张德辉启请他为“儒教大宗师”，他欣然接受。忽必烈的分地在京兆，他于1255年任宿儒许衡为京兆提学，广设学校。即位后，他对儒学大师们尊礼有加。中统初，即以王鹗为翰林学士承旨，让他起草了许多重要诏书；不久以后成立翰林国史院，由王鹗主持。中统二年（1261）五月，授姚枢为大司农，许衡为国子祭酒，窦默任侍讲学

《耕稼图》·元·忽哥赤

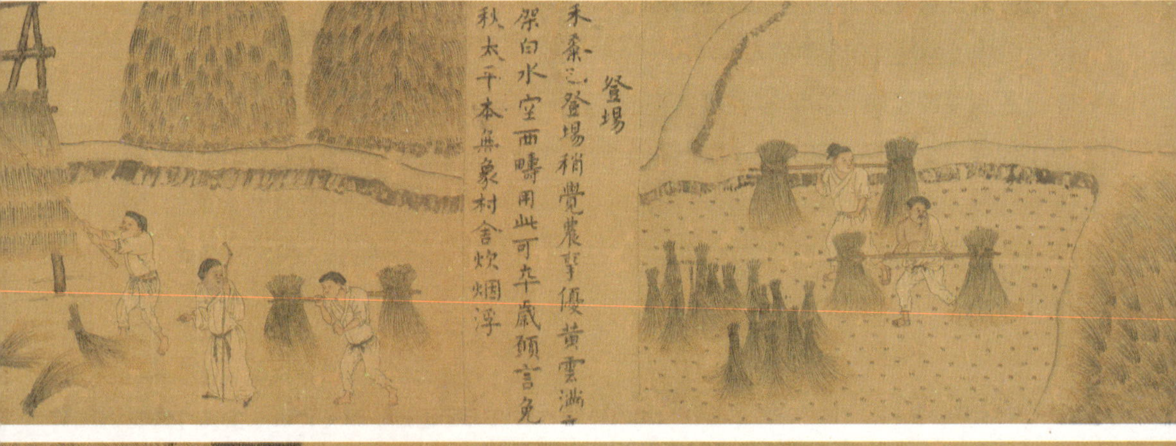

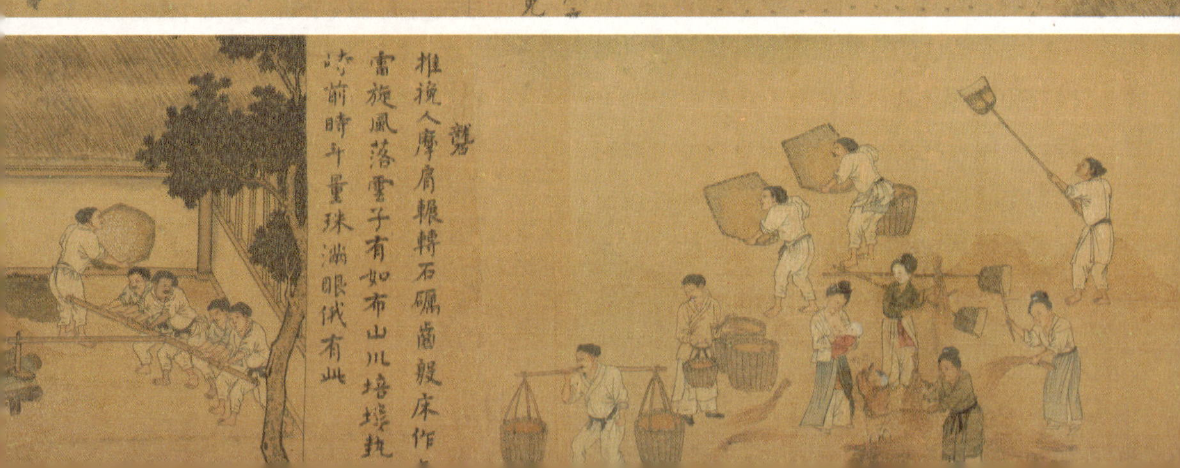

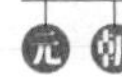

士。许衡与宠臣王文统有矛盾，离京到河东怀州、孟州一带教授生徒。至元四年（1267）四月，忽必烈在上都重建孔子庙。同年十月，又命许衡为国子祭酒。此后，许衡长期在燕京主持国子监的教育工作。蒙古诸王勋贵和七品以上朝官的子孙充任国子生，三品以上朝官又可推举“民之俊秀者”为陪堂生。至元十四年（1277）增设蒙古国子监，从此蒙汉两个国子监并列，但汉国子监毕竟继续维持了下来。在忽必烈的支持下，各地的学校也有了恢复以至发展，这就有利于中原传统文化的保存和儒士的培养。

忽必烈推行汉法，表现了蒙古游牧民族在征服中原后必然要适应发展程度较高的中原汉族农业封建文明的历史趋势。在这个方面，忽必烈是蒙古贵族中的杰出代表。就他来说，接受并推行汉法，希图使蒙古对中原的统治长久存在下去，这点是相当自觉的，尽管他还有保守的一面。正是由于大行汉法，忽必烈使建立在草原上的大蒙古国终于转变成了元王朝，使元初出现了比较稳定的“中统至元之治”，并在这个基础上进而灭亡南宋，实现了中国历史上一次新的大一统。

·人物·
忽必烈

29

⏲时间：1260 ～ 1294

元建行省

忽必烈建立的元朝实现了中国历史上一次新的大一统。元朝的疆域是中国历史上最大的，超过了汉唐盛世。元代行省制度的确立，是中国行政制度的一项重大变革。省作为一级地方行政区划的名称，一直沿用至今。

设立行省

元代政治上的一大贡献是实施了行省制度。元朝的中央政务机构中书省直辖河北、山东、山西，这些地方称为“腹里”。其他地方划为十个行中书省，分别称为岭北、辽阳、河南、陕西、四川、甘肃、云南、江浙、江西和湖广。行中书省简称行省，又简称省。开始时，蒙古统治者在一些地方设行省作为临时的军政机构。忽必烈灭南宋以后，逐渐把行省的设置固定下来。而个别行省则是在忽必烈死后才设立的。

中国地方行政区划中的省制起源于元代。不过，元代每个行省的辖区一般要比现在的省大得多。当时的行省是皇帝的派出机构，其官员配置与中书省大体相同，品级也相当，设丞相一员、平章政事二员、右

《混一疆理历代国都之图》· 元

铜鎏金班智达像·元

班智达的称号来源于印度，意思是学识渊博的大学者。起初，在印度教中班智达是指能够以正确的发音文法背诵出吠陀经的人，通常是婆罗门。

丞一员、左丞一员、参知政事一员。只是为了防止外职过重，行省的丞相职位往往是空缺的。行省的职责是“统郡县，镇边鄙，与都省为表里。……凡钱粮、兵甲、屯种、漕运、军国重事，无不领之”。行省的主要官员直接向皇帝负责。行省以下，则有路、府、州、县。

经营西域、西藏

除了已设行省的地方以外，元廷还对今新疆等地进行了有效的行政管辖。蒙古兴起时，天山南北一带有畏兀儿亦都护（王）的政权，治所在哈喇火州（今吐鲁番偏东），依附于西辽。1209年，畏兀儿亦都护主动归附成吉思汗后，蒙古国统治者一直优待畏兀儿，仍让亦都护管理内部事务，而派达鲁花赤进行监督。成吉思汗西征以后，别失八里地区以西至阿姆河流域是察合台的封地。1251年，蒙哥汗曾设别失八里等处行尚书省、阿姆河等处行尚书省于今新疆东部、西部及以西地方。忽必烈即位以后，为镇压西北诸王的叛乱，忽必烈以阿力麻里（今新疆霍城西北）为军事重镇，并一度在这里设置行中书省。灭宋后，忽必烈进一步加强对天山南北的治理，至元十八年（1281）设北庭都护府于哈喇火州。至元二十年（1283）又设别失八里、和州等处宣慰司。元廷在这里设站赤、立屯戍、行交钞、征赋税，其治理方式基本上同内地一样。此外，塔里木盆地南缘的斡端（今新疆和田）等地也是忽必烈与西北叛王争夺的场所，从至元十五、十六年起忽必烈派兵进驻，至元二十三年（1286）设置了四驿。

从9世纪中叶起，西藏长期处于割据纷争的局面，这种情况一直延续到蒙古兴起的时候。13世纪中叶，驻在凉州（今甘肃武威）的蒙古宗王阔端与西藏喇嘛教萨迦派座主萨迦班智达建立了密切联系。

蒙哥汗三年（1253），忽必烈从凉州延请八思巴到他在漠南桓州的王府。他即位后即封八思巴为国师，后又称帝师，依靠八思巴实现对西藏的治理。至元初，他设总制院，后改为宣政院，由他任命的帝师执掌。宣政院有两重任务，一方面要管理全国释教僧徒，一方面要管理西藏的“军民财谷事体”。在藏族聚居地方，宣政院设有多处宣慰使以及宣抚使、安抚使、招讨使。

·人物·
王文统

30

时间：？～1262

经略之才

中统元年忽必烈在开平即位之后，与占据着和林的阿里不哥展开了激烈的战斗。阿里不哥兵败之后，忽必烈的地位得以巩固。为了有效地统治已经占领的区域，削弱豪贵的权力，忽必烈设立了行中书省，任命大臣王文统担任了这个“行中书省”的主官。

李璮幕僚

王文统（？～1262），字以道，金北京府路大定府人，早年曾中经义进士。据载，他“少时读权谋书，好以言撼人”，又曾“聚历代奇谋诡计为一书”，儒学名臣姚枢、窦默都曾指斥他“学术不正”。从上述显然含有贬义的记载中可以看出，王文统虽然以经义中举，其为学并不局限于儒家。其实，这也是金朝末年北方许多知识分子的风尚，不独王文统一人为然，如耶律楚材、刘秉忠都兼通天文、地理、术数、释道、医卜之学，只不过王文统的兴趣在法家和纵横家而已。在当时战乱未息的历史条件下，谋略、经济之才比纯粹的儒学更为积极和实用，王文统所学，实在无可厚非。

至元十四年五十两银锭·元

银锭是熔铸成锭的白银。元代银锭称“元宝”，形式为马蹄形，故亦称“马蹄银”。

蒙古的连年进攻，使金朝在河北、山东的统治瓦解，各地豪强乘时而起，盘踞一方。当蒙古军到来时，他们大多俯首归降，被蒙古统治者任为各地军民长官，准许世袭统治其地，可以自辟僚属，当时称为世侯。身处乱世的知识分子，或为寻求庇护以保全身家性命，或为乘机施展才干建立一番事业，纷纷投奔各地世侯。王文统也“遍干诸侯”，开始没有得到赏识，后往山东见李璮，“与语，大喜，即留置幕府，命其子彦简师事之，文统亦以其女妻璮。由是军旅之事咸与咨决”。李璮

在当时各路世侯中占有特殊地位，自其父李全以来一直占据山东全境，势力深厚，拥有比其他世侯更大的自治权。李璮不仅“善用兵”，且能重用士人参谋军事政务，志向颇大。王文统谋略超群，与李璮结为翁婿，成为其亲信谋主，可谓如鱼得水，当能施展雄才，多有建树。《元史》记载，“李璮岁上边功，虚张敌势，以固其位，用官物市私恩，取宋涟、海二郡，皆文统谋也。”李璮辖境紧临南宋部署有重兵的淮东路，蒙宋开战以来，蒙古统治者需要用他来承担东线攻防之责，李璮也借此自重，与蒙古朝廷讨价还价。蒙古朝廷多次要征调他的军队，都被他以本境防务重、不宜分军为由巧言拒绝，而且还多赐金、银奖赏所部有功将士。当时各地世侯均出兵从征，百姓深受签军之苦，独山东一地免于征调。

元宪宗二年至七年（1252～1257），李璮先后出兵从南宋手里夺取了海州（今江苏连云港市西南）、涟水诸城，扩大了辖区，李璮以此向蒙古朝廷报功邀赏。

宪宗九年（1259），忽必烈统兵攻鄂州，宋右丞相贾似道亲督诸军守御。守城宋军一夜间就竖起木栅环城，阻挡住了蒙古军的进攻，忽必烈十分赞赏，认为贾似道很有才干，对扈从诸臣说：“吾安得如似道者用之。”刘秉忠和张易当即进言荐举：“山东有王文统，才智士也，今为李璮幕僚。”忽必烈问廉希宪，廉希宪也说对文统才名早有所闻。

受命秉政

1260年，忽必烈即帝位，随后，设立中书省“以总内外百司之政”，即起用王文统为中书平章政事（副宰相）。忽必烈原藩府中人才济济，如刘秉忠、张文谦、廉希宪、姚枢、窦默、郝经、张易等，都是多年追随他的亲信家臣谋士或早经聘问的名儒。按以往蒙古朝廷惯例，新汗即位总是首先委任亲信掌理政务，忽必烈却选择了汉人世侯李璮的幕僚王文统，而且一下子就拔

至元二十五年“昏烂钞印”铜印·元

铜印纵9厘米、横4.2厘米，于浙江省杭州市西湖出土，现藏于浙江省博物馆。

钩窑玫瑰紫釉水仙盆·元

此盘浅腹，口底均敛，三云头形足，口沿下和底处各环列一圈鼓钉纹。器表为玫瑰紫釉交融，器内有天青色釉，并分布着几条明显的蚯蚓走泥纹。

擢为主持国政的副宰相，原藩府旧臣张文谦、廉希宪、张易等反居其次（任左、右丞和参政）。这一方面固然出于忽必烈与众不同的用人胆略，同时也因为王文统确实“材略规模，朝士罕见其比”。他的任相显然得到了忽必烈最亲信的谋士刘秉忠和家臣廉希宪等人的支持。

由世侯幕僚一跃而为朝廷宰相，王文统实现了生平的最大转折。一方面，忽必烈“授之政柄”，“委以更张庶务”，使他得以尽其才智，施展抱负；另一方面，也使他成为权力斗争的焦点。

王文统任中书平章政事，具有深远的历史背景。自蒙古进入中原以来40余年，一直未能建立起一套适合中原汉地的统治制度。窝阔台时期，耶律楚材试图推行汉制，受到蒙古贵族的强力阻挠，其所定制度“见于设施者十不能二三”。郝经这样描述当时汉地不治的情况：“法度废则纲纪亡，官制废则政事亡，都邑废则宫室亡，学校废则人才亡，廉耻废则风俗亡，纪律废则军政亡，守令废则民政亡，财赋废则国用亡，天下之器虽存，而其实则无有。”蒙哥时期，“旧弊未去，新弊复生”。忽必烈即位，始决意进行根本改革，便把“更张庶务”的责任交给了由王文统主持的中书省。

中书省成立后的第一件大事是设立十路宣抚司。当时各路长官多世侯，享有兵民财赋之权，州县官吏皆为部属，子承父职。数十年来，他们上下相传，自行其政，视辖境为领地，百姓为私奴，任意盘剥欺压。如平阳、太原路，“官世守，吏结为朋党，侵渔贪贿，以豪强相轧”，“赋役素无适从，官吏狼狈为奸，赋一征十，民不胜其困，故多逃亡”。他们一方面对人民淫刑暴敛，另一方面又隐漏户籍，侵蚀官赋。因此各地户口减耗，国家赋税严重受损。

中统元年（1260）五月，忽必烈下令设立十路宣抚司，对各路世侯实行监督，整肃州县吏治，旨在使人民安于田地，国赋能如数征收。对宣抚司官的考核标准即是“户口增，差发办，方为称职”；先后所颁圣旨条画，规定了宣抚司对所管地方官吏以及户口、财赋、刑罚等各方面政务的体究权责。宣抚使除以忽必烈原藩府旧臣出任外，大多出于王文统所荐举。

“谋友”被杀

王文统不愧为忽必烈的一位得力干臣，李璮叛前，王文统似乎并不知情。然而李璮甫乱，即有人揭露王文统曾派儿子王荛与李璮私通消息。忽必烈查出王文统与李璮的通信，内有“期甲子”之语。忽必烈将这信给王文统看，王文统辩解说：“到甲子，还有好几年；我说这话，是要推迟他的反期。”忽必烈召窦默、姚枢、王鹗、僧子聪及张柔等人，拿出王文统的书信，问他们该定王文统什么罪，诸臣都说“当死！”中统三年（1262）二月二十三日，忽必烈将王文统及其子王荛处死。

王文统究竟是否有反意，已经成为历史悬案。王文统生长在金与蒙古相继统治的北方，似乎并未将自己当作一个汉人，如果说他反对当时的元朝统治，并无任何事实依据。况且他在元朝也深得忽必烈的器重，本身为官十分卖力且出色，并无谋反的必要。忽必烈当年没有听信王文统的辩解，将之作为遁词，现在人们想一想，也许那确是王文统的真心话：一方面是拿着他的俸禄、对自己栽培有加的英明主子忽必烈，一方面又是有着婚姻关系的女婿李璮，王文统想两全其美，却陷入了两难的夹缝，也许正是在这两难夹缝中无可奈何，王文统才断送了自己的身家性命。

如意云纹银梅瓶·元

忽必烈杀王文统，从此对汉人幕僚增加了疑虑，逐渐疏远，在朝廷中的汉人失去了显赫的地位。

人物
李璮

31

时间：1262

李璮叛乱

当忽必烈正与阿里不哥相持不下时，中统三年（1262）二月，山东爆发了军阀（当时称为世侯）李璮的武装叛乱。

献城联宋仓促起兵

李璮是叛降蒙古的南宋民军首领李全的养子。李全领导的红袄军本来是反抗金朝统治的起义军，后来蒙古军队占领了山东，李全向蒙古投降。1231年，李全带兵进攻南宋的江北重镇扬州，大败，在退却途中连人带马掉进南宋军队挖的陷阱里，被乱枪活活戳死。李全死后，李璮承袭父职，辖地称益都行省，成为割据一方的军阀。中统元年（1260），忽必烈即位，加封他为江淮大都督。

李璮虽非李全亲生，倒是承继了李全叛逆的“血统”。当忽必烈北征阿里不哥，李璮借口防御南宋，拒不出兵。李璮以为忽必烈没有力量兼顾两头；又以为北方的汉族军阀，甚至当了大官的汉族官僚都与他一心，只要他一起兵，就会一呼百应。当时他的岳父王文统，正在朝中任中书平章政事（副宰相）一职，或许这也为他探听朝廷的虚实提供了方便。李璮还匆忙派人与南宋取得联系，承诺献出现在苏北沿海的三座城池以为投向南宋的进见礼。李璮此举的目的是为了避免遭到蒙古和南宋的两面夹击。事实上，他还没有等到南宋的答复，就匆忙起兵了。

中统三年（1262）二月初三，李璮占领山东益都，正式发动叛乱，以涟、海等城献于南宋，还军益都。当时忽必烈正在现在内蒙古南部的草地过冬，指挥军队全力以赴地攻打阿里不哥，内地防务空虚。但是忽必烈对李璮一直存有戒心。叛乱一发生，李璮的岳父王文统就成了第一个倒霉蛋，首先被忽必烈处死了。

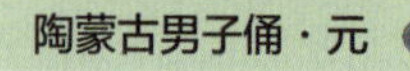
陶蒙古男子俑·元

取下策李璮困死济南

李璮叛后，忽必烈请姚枢分析当时的形势。姚枢对忽必烈说：“假如李璮趁我们打阿里不哥的机会，率领部队沿着海边直捣燕京，关闭居庸关，把我们阻挡在关外，以致人心惶惶，这是他的上策；假如他联合南宋，坚守山东，出兵骚扰我方边境，使我方疲于奔命，这是他的中策；假如出兵济南，等待山东各地军阀的响应支援，这是作茧自缚，为下策。”忽必烈问：“李璮将会选择何策？”姚枢毫不犹豫地说：“出下策。”

李璮既没有奇袭燕京的勇气，又得不到南宋的支持和配合，果然选择了出兵济南并将其占领。他满以为在济南坐等，北方的汉族地主武装都会出兵来支援，可以一举夺取忽必烈的蒙古政权。但是李璮并没有真正分析透彻当时的形势。忽必烈的政权在当时已经相当牢固，不管是真心，还是迫于忽必烈的威势，这些汉族地主军阀已经无心再反忽必烈了。李璮遂陷入孤立无援之境地。

忽必烈急召诸路蒙汉军去济南作战，命宗王合必赤总督诸军。三月，姚枢、韩世安等败李璮于高苑老僧口（今山东历城附近），李璮退守济南。四月，忽必烈又命右丞相史天泽专征。史天泽与合必赤商议，筑环城围济南，进行长期围困。

五月，史天泽等率领蒙古军队把济南团团围住，李璮成了瓮中之鳖。城中士气低落，粮尽弹绝，最后只好靠吃死人肉维持。李璮的部下三五成群，纷纷从城墙上爬下来逃命。七月，李璮在走投无路的情况下，被俘，被史天泽斩于军前。

李璮之乱，虽只局限于益都、济南一隅，而且起兵五月即败死。但是，李璮之乱的确对忽必烈的统治政策和当时的政局产生了深远的影响。

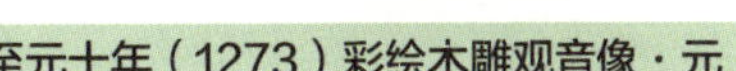

至元十年（1273）彩绘木雕观音像·元

时间：1237 ~ 1295

大将伯颜

大将伯颜在元攻克南宋平定内乱中立下赫赫战功，元世祖忽必烈称他有将相之才。

女色不动心

伯颜（1237～1295）的曾祖父和祖父曾随成吉思汗南征北战。父亲在西征途中，伯颜出世。有一次伯颜被西征军作为使者向忽必烈奏事。忽必烈看他相貌堂堂谈吐不凡，就说：“伯颜是个大才，还是留在我的身边吧。”至元十一年（1274），元世祖忽必烈拜伯颜为中书左丞相，领兵南下伐宋。伯颜辞别时，忽必烈对他说：“当年宋太祖的大将曹彬奉命进攻南唐，从不滥杀无辜，一举平定江南。你要体会我的这种心情，效法曹彬，不要让我的人民横遭锋刃。”

伯颜和另一大将阿术领兵二十万，水陆并进，一路所向披靡，连败宋军，直逼江州（今江西九江），宋兵部尚书吕师夔不战而降。伯颜让他担任江州太守。吕师夔设宴款待伯颜，酒酣耳热之时，吕师夔叫上两个盛装打扮的女子，说这两个姑娘是从宋宗室中挑选出来，作为礼物献给伯颜的。伯颜大怒道：“我奉圣天子之命，以仁义之师来向宋朝问罪，女色岂能动摇我的志向！”

攻陷临安

在攻宋期间，正逢疫病流行，百姓饥饿难耐。伯颜下令开仓赈济，发药治病。百姓大为感激，称伯颜的军队为王者之师。当时天气暑热，北方人水土不服，世祖下诏停战，等明年秋天再出兵。伯颜上奏：“我军攻宋，正如追逐猎物，好不容易才扼住它的咽喉，稍一松手，它就会逃掉。现在不该回兵，而乘胜前进，才能一举获胜。”忽必烈叫使者传言：“将在外，君命有所不受，一切战事由丞相决断。”

至元十三年（1276）正月，伯颜率领元军包围南宋都城临安（今浙江杭州）。宋朝的大臣求伯颜可怜可怜年幼的赵㬎和年迈的太皇太后，讲和退兵。二月，宋恭帝在太皇太后的操纵下，上表求降，赵㬎和全太后被掳，南宋就此灭亡。

不带江南物

临安为南宋都城，商业繁荣，“金玉锦绮，珍异奇古之玩，所在充溢”，伯颜不为所动，下令封存府库，登记钱谷，将士不得擅自进城，敢于暴掠者，军法从事。

伯颜平宋归京时，忽必烈令百官在郊外欢迎，权臣阿合马为了讨好伯颜，先在半道向他表示祝贺。为表谢意，伯颜解下随身佩带的玉钩带送给他，并说：“宋皇宫中宝贝确实不少，可是我什么也没拿，但愿你不要嫌我的礼薄。”阿合马以为伯颜看不起自己，怀恨在心，就在皇帝面前造谣说，伯颜私藏了宋室至宝玉桃盏。忽必烈叫人清查，因无证据只得不了了之。阿合马死后，有人向皇上献玉桃盏，忽必烈愕然叹息道：“差一点让忠良受了冤屈。”

不爱色，不贪财，像伯颜这样的忠臣良将在元朝实在少见。

《西湖胜景图卷》（局部）·元·无款

纸本，纵 32.9 厘米，横 1581.1 厘米。全图采用鸟瞰构图形式，工笔写意兼用，墨色清淡洗练，用笔老到。现藏于美国弗里尔美术馆。

·人物·
海都

33

时间：1268 ~ 1301

海都争位

海都是窝阔台的孙子，世居北方边陲。成吉思汗生前曾与诸王约定，大汗之位由窝阔台子孙世袭。窝阔台之子贵由只当了3年大汗，汗位便转到了拖雷系，由拖雷之子蒙哥继位。海都心中不服，忽必烈与阿里不哥争汗位时，海都支持阿里不哥，阿里不哥失败后不久，海都便发动了叛乱。

铁连探营

海都起兵反叛之前，消息就传到忽必烈那里。忽必烈对群臣说："海都是朕的宗室，应当怀之以德，可选一个谨慎稳妥的人前往。"群臣一致推举平阳（今山西临汾）达鲁花赤铁连担此重任，忽必烈马上召见了他。铁连有问必答，忽必烈非常满意，交代铁连说："此事非你前往不可，你可先到宗王蒙哥铁木王处，商讨一下对策。"然后派了两人作为铁连的副使。铁连奉命后，打算先到海都处探其虚实，然后再和诸王商讨对策。

到了海都那里，海都天天召集宗王宴饮，想找机会杀害铁连。铁连看出了他的用意，故意对副使说："多吃饭，少说话，免得被人抓住口实定罪。"海都愕然说："你说话真是直爽，我不怪你。"酒宴过半，铁连请求赏赐几件衣服。海都很欣赏铁连，打算把自己的皮裘赏他，被后妃制止，只赏赐了两件皮衣。海都告诫他的部下说："当使臣的像铁连那样就不错了。"铁连从海都处来到了蒙哥铁木王那里，叙述了海都的情况。铁连回到朝廷，上奏说："海都兵多而精，不宜速战，来则坚垒以待，长期消耗，他就无力作乱了。"忽必烈非常高兴，命铁连把海都赐的衣服饰以黄金，在朝会时穿。又下诏封皇子那木罕为北平王，率兵镇守北方，以防患于未然。

海都叛乱

至元五年（1268），海都举兵反忽必烈。消息传来，忽必烈一面检阅军队，准备迎战，一面派户部尚书昔班前往海都处，让海都罢兵来朝。昔班给海都讲明利害，海都表示愿意听从。不料昔班还未离开海都的军营，丞相安童的部队已和海都部下交战，夺取了对方的辎重。海都对昔班说："我本打算杀你。但念我父曾跟你读过书，这次就放过你。回去把安童进攻

我的事上奏天子，这次打仗可不是我的过错。”

海都善于用兵，他的士兵剽悍异常，多次打败忽必烈的军队，忽必烈命皇孙甘麻剌与大将土土哈等出讨，在薛良格河（蒙古色楞格河）被海都打败。幸亏土土哈设伏以待，海都方才退兵，但和林已经失陷。

伯颜领兵

得知和林失陷，忽必烈急忙从上都赶到漠北，亲自征讨海都，但海都已闻风远遁，忽必烈命老将伯颜出镇和林。

伯颜镇守和林数年，海都多次来攻，均被打退。有人诬告伯颜出居北方，与海都通好，所以无尺寸之功。忽必烈疑信参半，令御史大夫玉昔帖木儿取代他，伯颜退居大同（今属山西），另行安排。玉昔帖木儿将要到达时，海都又来进攻，伯颜派人告诉玉昔帖木儿：“请你暂停前进，等我打退海都的进攻，你再前来。”伯颜与海都交兵七天，且战且退，部下诸将认为他怯懦，愤愤地说：“将军如果惧战，为什么不把兵权交给御史大夫？”伯颜笑笑说：“海都孤军深入，半路邀击，他必然逃跑，诱敌深入，一战可擒。你们必欲速战，如果海都逃跑，谁负此责？”诸将说：“我们负责。”伯颜于是纵军出击，海都果然兵败逃走。

细密画《海都之乱》

海都兵败

1294年正月，忽必烈辞世，平叛重任落在汗位继承人、他的孙子成宗铁穆耳肩上。成宗后来任命皇侄海山出镇北方。大德五年（1301），海山和海都激战于和林附近，海都苦心孤诣，十年生聚，指望大获全胜，谁知大败，抑郁而死。

·人物·
忽必烈
刘整

34

时间：1268 ~ 1273

襄樊之战

襄樊地处南阳盆地南端，襄阳和樊城南北夹汉水互为依存，“跨连荆豫，控扼南北”，自古以来为兵家必争之地，也是南宋抵抗蒙古军队的边陲重镇。“无襄则无淮，无淮则江南唾手可得也。”这是南宋降将刘整向忽必烈进献攻灭南宋策略时说的一句话。至元四年（1267），刘整向忽必烈献策：“先攻襄阳，撤其捍蔽。”这个建议为忽必烈所采纳。

步步为营围襄樊

忽必烈根据刘整的建议，开始实施对襄阳的战略包围。首先，建立陆路据点，作为攻宋的根据地。早在1261年夏，忽必烈根据刘整建议，遣使以玉带贿赂南宋荆湖制置使吕文德，请求在襄阳城外置榷场，吕文德应允。蒙古使者以防御盗贼、保护货物为名，要求在襄阳外围筑造土墙，目光短浅的吕文德竟然同意。于是元人在襄阳东南的鹿门山修筑土墙，内建堡垒，建立了包围襄阳的第一个据点。至元五年

襄阳古城临汉门

（1268），蒙将阿术在襄阳东南鹿门堡和东北白河城修筑堡垒，切断了援襄宋军之路。至元七年（1270），蒙将史天泽在襄阳西部起万山、包百丈山筑长围，又在南面的岘山、虎头山筑城，连接诸堡，完全切断了襄阳与西北、东南的联系，襄阳成为一座孤城。元军步步为营，在襄阳外围修筑了十余处城堡，建立起长期围困襄阳的据点，完成了对襄阳的战略包围。

知己知彼练水军

所谓知己知彼，元军深知宋军习于水战，于是也建立了水军，寻求制服南宋的战术优势。至元四年（1267）秋，阿术率军攻打襄阳，俘人略地而归，宋军乘蒙古回军之际，在襄阳以西的安阳滩派水军扼其归路，然后派骑兵直冲其阵，蒙古军队大乱，都元帅阿术坠马，险些被宋军活捉。蒙将怀都选善识水性的士卒泅水夺得宋军战舰，其余将领奋勇拼杀，才将宋军击退，转败为胜。

通过安阳滩之战，蒙古军队虽然打败了宋军，却暴露出水军不占优势的弱点。至元七年（1270），忽必烈命刘整“造战船，习水军”，以图进取襄阳。刘整遂造船五千艘，日夜操练水军，又得到四川行省所造战舰五百艘，建立起一支颇具规模的水军，从而弥补了战术上的劣势，为战略进攻准备了必要条件。

三年争夺困孤城

从至元五年（1268）蒙古军筑鹿门堡、修白河城到至元七年（1270）完全包围襄阳，蒙古军队已处于战略上的优势，南宋政府为挽救危局，进行了反包围战与援襄之战。

襄阳炮（模型）

这是蒙古大军从阿拉伯地区引进的新式抛石车，俗称“回回炮”。这种抛石车在杠杆后端挂有一块巨大的铁块或石块，平时用铁钩钩住杠杆，放时只要把铁钩扯开，就能抛出“铁弹”或“石弹”。在窝阔台之后，忽必烈曾于至元十年（1273）靠“回回炮”攻下了数年不克的襄阳城，此后“回回炮”又称“襄阳炮”。

至元四年（1267）冬，南宋任命吕文焕知襄阳府，兼京西安抚副使。次年十一月，为打破蒙古军鹿门、白河之围，吕文焕命襄阳守军进攻蒙古军，但被蒙古军队打败，宋军伤亡惨重。至元六年（1269）三月，宋将张世杰率军与包围樊城的蒙古军作战，又被阿术打败。七月，沿江制置使夏贵率军救援襄阳，遭到蒙古军与汉军的联合伏击，兵败虎尾洲，损失两千余人、战舰五十艘。至元七年（1270）春，吕文焕出兵襄阳，攻打万山堡，蒙古军诱敌深入，乘宋军士气衰退，蒙古将张弘范、李庭反击，宋军大败。九月，宋殿前副都指挥使范文虎率水军增援襄阳，蒙古军水陆两军迎战，大败宋军，范文虎逃归。至元八年（1271），范文虎再次援襄，蒙古将阿术率诸将迎击，宋军战败，损失战舰100余艘。这一时期，宋、蒙古两军虽然在襄樊外围进行了长达三年的争夺战，但因蒙古军包围之势已经形成，不但南宋援襄未能成功，而且襄樊城中宋军反包围的战斗也不可能取胜，宋军只好困守襄阳。

水陆夹攻取襄樊

至元九年（1272）春，元军对樊城发动总攻。三月，阿术、刘整、阿里海牙率蒙汉军队进攻樊城，攻破城郭，增筑重围，进一步缩小了包围圈，宋军只好退至内城坚守。四月，南宋京湖制置大使李庭芝招募襄阳府（今湖北襄樊）、郢州（今湖北钟祥）等地民兵三千余人，派总管

影青釉自在观音像·元

这座观音头戴宝冠，面容慈祥，微含笑意，身着佛衣，袒胸赤足，平和自然，造型及釉色极为精美，是元代瓷类造像中罕见的珍品。

张顺、路分钤辖张贵率领救援襄阳。二张率轻舟百艘，士卒三千及大批物资出发。五月，救援战斗开始，二张在高头港集结船队，把船连成方阵，每艘船都安装火枪、火炮，准备强弓劲弩，张贵在前，张顺在后，突入元军重围。船队到达磨洪滩，被布满江面的元军船舰阻住，无法通过。张贵率军强攻，将士一鼓作气，先用强弩射向敌舰，然后用大斧短兵相接，冲破重重封锁，元军被杀溺而死者不计其数，宋军胜利抵达襄阳城中。当时襄阳被困已有五年之久。此次战斗中张顺阵亡。

这次胜利虽然给襄阳守军带来希望，但在元军严密封锁下，形势仍很严峻。张贵联络郢州的殿帅范文虎，约定南北夹击，打通襄阳外围交通线，计划范文虎率精兵五千驻龙尾洲接应，张贵率军和范文虎会师。张贵按约定日期辞别吕文焕，率兵三千顺汉水而下，检点士兵时却发现少了一名因犯军令而被鞭笞的亲兵，张贵知道军情已泄露，随即果断地改变了秘密行动，乘夜放炮开船，杀出了重围。元军中阿术、刘整得知张贵突围，派数万人阻截，把江面堵死。张贵边战边行，接近龙尾洲，在灯火中远远望见龙尾洲方向战舰如云，旌旗招展，以为是范文虎接应部队，举火联络，对方船只见灯火便迎面驶来。等到近前，才发现来船全是元军。在这场遭遇战中，宋军因极其疲惫，明显处于劣势，张贵阵亡。元军派四名南宋降卒抬着张贵尸体晓示襄阳城中，迫使吕文焕投降。吕文焕杀掉降卒，夺回张贵尸体，把他与张顺合葬，立庙祭祀。

至元九年（1272）秋，元军采取了分割围攻战术。为切断襄阳的援助，元军对樊城发起总攻。至元十年（1273）初，元军分别从东北、西南方向进攻樊城，忽必烈又派遣“回回炮”匠至前线，造炮攻城。元军烧毁了樊城与襄阳之间的江上浮桥，使襄阳城中援兵无法救援，孤立樊城。刘整率战舰抵达樊城，用“回回炮”打开樊城西南角，进入城内。南宋守将牛富与偏将王福皆因寡不敌众而投火自尽，樊城陷落。

唇亡齿寒，樊城失陷以后，襄阳形势更加危急。襄阳城中军民拆屋作柴烧，陷入既无力固守，又没有援兵的绝境。至元十年（1273）二月，元将阿里海牙由樊城攻打襄阳，炮轰襄阳城楼，城中军民人心动摇，将领纷纷出城投降。吕文焕无力回天，举城降元。襄樊战役宣告结束，襄阳和樊城的失守让南宋失去了最重要的防御凭障。

·人物·
阿术

35

时间：1227 ~ 1287

猛将阿术

阿术（1227 ~ 1287），蒙古兀良哈部人。他的祖父是著名的“四獒”之首速不台，父亲兀良合台也是蒙古的名臣宿将。阿术继承了祖父和父亲的勇猛风气，年轻的时候就随父从军，参与蒙古军从西南面迂回包抄南宋的万里远征，平定大理。史书上称他担任开路先锋，“率精兵作候骑”，屡建奇功，堪称一员猛将。

带兵攻打南宋

阿术随从父亲奉命从西南方向迂回包抄南宋，与南下的忽必烈遥相呼应。阿术在战斗中表现得机智勇猛，他们父子在攻打押赤城（今昆明）时，阿术在大理军毫无察觉的情况下就潜入了城内。不久，阿术的父亲兀良合台病倒，便把军事指挥权交给阿术。阿术不负所望，一举攻破了西南的许多城池。西南诸多部族听说阿术军到，皆大惧请降。1259年，兀良合台奉命率兵自西南方突入南宋境内，完成了北上与忽必烈所率的主力会师于潭州（今湖南长沙）的战略任务。南宋军在邕州附近的老苍关、横山寨一带，陈兵数万，拦截他们父子的前进之路。阿术在他父亲的指挥下，采用从背后包抄宋军的战术，父子俩联合夹击，冲破宋军主力，成功地突破了宋军的防线。此役之后，父子军一路高歌猛进，沿途连破诸多州府，直抵潭州城下。不久，阿术跟随父亲撤军北还，仍充其父所部先锋。

八思巴文铁牌·元

元世祖忽必烈即位后，阿术入调宿卫。中统三年（1262）九月，阿术因平定李璮叛乱有功，由宿卫将调任征南都元帅，驻扎于汴梁。阿术上任后，以汴梁为基地，在两淮地区部署战略，不断攻战取胜，军声大振。

至元四年（1267），阿术奉命负责攻打襄阳，他被任命为蒙古军总

指挥。此次，蒙古朝廷吸取了以往的经验教训，把攻打南宋的主要目标放在汉水中游的军事重镇襄阳。宋、蒙古双方都投入了大量兵力，两军为争夺襄阳的战斗长达数年。同年八月，阿术侦察襄阳周围地形及宋军的布防情况。他带领一支精骑突入宋军阵内，退兵时他们避开宋军的拦截，布下埋伏，一次歼敌万余。

阿术深知襄阳城坚池深，不可强攻，他决定采取长期围困之策，使宋军自毙。从至元五年（1268）起，在阿术的要求下，元世祖忽必烈不断增兵襄阳，尤其是增加了善于攻水栅和山寨的汉人军。为适应水上作战，阿术奏请忽必烈，造舰数千艘，训练数万名水军。此一举不但加强了蒙古军对水上的控制，而且为后来南下渡江灭南宋做了很好的准备。

阿术决定从水上和陆上对宋军实行包围。他环绕襄阳修筑长围，在白河口、鹿门、新城、楚山等建造了夹江城堡，在汉水中筑台，与夹江堡相呼应。这样，完成了对襄阳的一个战略包围圈，有效地切断了宋军的水陆援道。至元六年至九年（1269～1272），阿术采取围点打援的战略战术，与宋军在新堡、万山堡、鹿门、柜门关等地展开了几场大战，阿术亲自指挥战斗，挫败前来支援的宋军。阿术还多次组织元军不断袭击襄阳外围州郡。如此一来，襄阳几乎成为一个孤立之城。

至元九年（1272），元军攻破与襄阳夹江而峙的樊城外郭，对襄阳形成更大的威胁。但两城通过汉水中的浮桥互相支援。阿术派兵把宋军植入江中保护浮桥的木栅、铁索破坏掉，然后放火烧了江中的浮梁，一举断绝了襄、樊之间的联系。同年十二月，阿术攻下樊城，不多久，襄

延伸阅读

永乐宫建筑

永乐宫位于山西省芮城县，相传这里是民间神话故事中的八仙之一吕洞宾的诞生地。金、元之际全真教兴起以后，吕洞宾被尊为北五祖之一，并被敕封为“纯阳演正警化真君”。在全真教的主持下，从1247年开始，历经15年，建成了“大纯阳万寿宫”，以后历代又陆续扩建，并改名为永乐宫。这里是全真教的三大祖庭（芮城永乐宫、户县万寿宫、北京白云观）之一。永乐宫最有代表性的艺术形式是壁画，在从元代开始的110多年时间里，永乐宫制作了包括各种道教神话、全真教祖师王重阳的生平等大量精美的壁画。

铜火铳·元

元代时，大型金属管形火器——火铳是重要的军事武器。

阳守将吕文焕支撑不住，举城出降。

至元十年（1273），世祖忽必烈命阿术等任路枢密院，管辖襄阳。至元十一年（1274）正月，阿术入朝觐见忽必烈，奏请趁此良好时机一举灭宋，但久议不能决。阿术坚持进谏，指出现今的宋兵不比当初，如果不抓住这个机会，时不再来。最终，阿术说服了忽必烈，忽必烈下决心灭宋，随即增兵十万，晋升阿术为平章政事，让他与丞相伯颜、参政阿里海牙组成灭宋指挥中心，在荆湖一带指挥作战。同年九月，元军水陆两路军沿汉水而下，开始了灭宋的战斗。他们首先抵达设防坚固的郢州（今湖北钟祥）。阿术得知有间道可绕过郢州，大军于是舍弃郢州绕道而过，阿术带数十从骑作为殿后。不久，郢州的数千宋骑兵追击而来，阿术挺身迎战，歼敌数百，击退宋军的追赶。

至元十一年（1274）底，元军到达长江北岸。宋军在江中和两岸严密防守，掌握着渡口及要害之处。元军将战船迂回从河中入江，但连攻三日仍未能克服一个战略要点。阿术决定暂停攻城，他主动请求带领一半军船，沿长江岸西上，在宋军防备疏松的青山矶登陆。丞相伯颜同意了他的策略。于是，阿术率精兵驾舟飞渡长江，在江中与巡江的宋军水师展开血战，最终登上靠近南岸的沙洲，占领了一块滩头

阵地，为元军主力部队渡江开辟了道路。

横扫江南

争得一个战略要点之后，元军开始策划下一步进军方向。阿术决定先取上游诸城，有所依靠，然后往下游进取。

至元十二年（1275）正月，元军前锋直逼芜湖。昏庸无能的宋丞相贾似道拥重兵前来迎战。战前，贾似道先派遣使者到元军营中求和。正巧，丞相伯颜也接到元朝廷的诏令要他们驻守待命。阿术深感以往的元军得而复失、劳师无功的教训，力主拒和进兵。他提醒伯颜说："如果放过贾似道，那么恐怕我们攻下的州郡也难守住。"并坦言："现在只要出兵，如果事情失败，我愿意接受惩罚。"在阿术的强烈建议下，伯颜同意了进军。

同年二月，宋、元双方数十万水陆大军在丁家洲决战。阿术身先士卒，勇冠三军。他挺身登舟，手把船舵冲向宋军，最终大败宋军。丁家洲大战使南宋军队元气大伤，宋军唯有在江北两淮地区尚保存一定实力。尤其是驻守在扬州淮东的李庭芝部队是南宋赖以支撑危局的主要力量。同年四月，阿术奉命领兵北上围攻扬州，以掩护向东进发的元军主力，阻止两淮宋军增援宋都临安。阿术有效地策应配合了主力部队的正面攻势，从而使丞相伯颜能兵不血刃地灭宋。

至元十三年（1276）二月，元军已击破宋军大部分兵力，唯有坚守扬州和泰州的李庭芝等誓死不降。阿术多方布控，收紧对扬州等地的分割包围。他在扬州西北设障，以阻从高邮等地运粮而来之道；在扬州和泰州之间的湾头驻屯精兵，以断宋军从海上逃亡之路。同年五月，元军攻下新城，扬州宋军企图东去从海上逃走，于是出击湾头堡，但被逼回。七月，扬州、泰州守城宋将坚持不住，开门投降，李庭芝等被俘就义。至此，元军占领两淮全部。

灭宋之后，阿术被调至北方镇压诸王的叛乱，平定叛王昔里吉等。至元二十四年（1287），阿术受命西征，在哈剌火州（今新疆吐鲁番）因病而死。史书评阿术一生，"南征北讨四十年间，大小百五十战，未尝败衄"，不愧为勇猛与智慧并俱的将领。

·人物·
阿合马

36

⏲时间：1262 ~ 1282

阿合马专权

阿合马是回族人。李璮之变以后，忽必烈开始重用西域人士。1261 年，阿合马任上都同知。次年，他已领中书左右部兼诸路都转运使。1264 年，左右部并入中书省，阿合马被起用为中书平章政事。后曾兼制国用使，改尚书省平章政事。1272 年，尚书省并入中书省，他仍任中书平章政事，直至败亡。从 1262 年算起，阿合马主持财政达 20 年之久，在元初政治经济生活中影响很大。

敛财有术

阿合马之所以得宠于忽必烈，主要是因为他“善于理财”。也就是说，他懂得如何大肆搜刮，增加朝廷收入，以满足世祖忽必烈在财政上的巨额需求。

首先是赋税。阿合马极力追征逋赋，加重了农民负担。征宋战事不断，农民艰困，一些地方减免赋额，阿合马认为这会使国用不足，坚持按旧额征收。此外，盐、茶、酒、醋的税额也不断增加。因此，在劝农政策下恢复了的农业生产，没有给农民带来许多好处，而是经过阿合马之手充实了元朝的国库。其次是官办矿冶。其中铁冶的规模最大，与农业生产的关系也最密切。但是阿合马实行官办铁冶，铸造农器官卖，价高路远，很不方便，甚至耽误耕作。再次是钞法。阿合马通过大量发行无本的纸钞来收进社会上的财富。于是，“钞轻物重”，纸钞贬值，物价踊贵。1276年，阿合马又力促忽必烈在江南以中统钞更换南宋的交子、会子，并实行盐与药材的官卖。

阿合马感到遵循汉法建立起来的国家机构有碍于自己“理财”，便千方百计地去控制、变更或削弱这些机构。至元三年（1266）增立制国用使司，他兼领使职。至元五年（1268）御史台新立，他害怕它的监察职能，屡屡奏请撤销，未能得逞，又百般钳制它发挥作用。这时，木华黎的后裔安童为相，站在汉法派一边，对他有很大妨碍。至元六年（1269），他奏请升安童为太师，企图架空安童，但未得逞。第二年，他又奏立尚书省，以排挤和取代中书省的权力，且自己任尚书省平章政事。从此，他大肆排斥汉法派官员，而把自己的心腹安插到重要岗位。安童进行干预，他公然说：“大小事情都交给我办了，用什么人，应由我来挑选。”至元九

年（1272），两省合并，表面上是尚书省并入中书省，实际上是阿合马以尚书省的班底去控制中书省。“一门悉处要津”，他的子侄都担任重要官职。譬如，至元十年（1273）时，他的儿子忽辛是大都路总管兼大兴府尹；江南平定后，他的另一个儿子抹速忽出任杭州达鲁花赤。他又广收党羽，不少商贾向他行贿而取得官职。他广占美女，甚至献美女的人也可以得到高位。从忽辛开始，他的部属往往利用职权经商，而且侵盗国库大量财物。渐渐地，阿合马家族占有了大量的土地和财宝。

破坏汉法

阿合马的作为是对元初已经推行的汉法的大破坏。针对这种情况，一些汉法派大臣如史天泽、张文谦、廉希宪、许衡等纷纷起来抗争。但是，阿合马“多智巧言”，史天泽等人往往辩不过他。双方的争执，都由忽必烈亲自裁断。有时候忽必烈似乎也欲抑止一下阿合马，但是忽必烈认为阿合马理财有成效，在这方面大多还是听从阿合马的主意。

至元通行宝钞壹佰文钞版 · 元

到了至元十一年（1274），安童见阿合马擅权日重，企图匡救，毅然奏劾阿合马蠹国害民。忽必烈不予理会，反而称赞唯有阿合马是回回人中的相才。第二年，安童受命出镇北边，实际上被排挤出了朝廷。在这前后，刘秉忠、史天泽、赵璧等又先后去世。在朝廷中，汉法派势力越来越弱，便又站到皇太子真金的旗帜下与阿合马抗衡。真金原来就任中书令兼枢密使，但实际上并不主持政事，一切由忽必烈亲自决定。至元十六年（1279）十月，在汉法派巧妙活动后，忽必烈终于同意国家庶务由真金临决，而后向他报告。真金积极支持推行汉法，对阿合马十分厌

永乐宫《朝元图》· 元

恶。阿合马尽管专横跋扈，但却很怕这个皇太子。

阿合马专权暴敛，引起普遍的不满和怨恨。但是，阿合马一党控制了许多权力，凡是反对他们的人都遭到排挤打击，甚至被迫害致死。至元十五年（1278），中书左丞崔

斌奏陈阿合马的奸恶，忽必烈也开始觉察阿合马的问题，但还舍不得罢黜他。然而，第二年，崔斌竟被阿合马诬构罪名，惨遭杀害。崔斌之死，“天下冤之”。人们普遍意识到阿合马是国家大害，非除掉不可。至元十七年（1280），廉希宪病危，真金派侍臣去慰问。廉希宪说：“我病已重，听天由命好了。我所担心的是，现在大奸专政，群小阿谀附和，误国害民，这才是大病。要赶快除掉他，否则，病情越来越严重，就不可救药了。”

至元十九年（1282）三月，忽必烈按惯例离开大都去上都，真金随行，阿合马、张易（中书平章政事兼枢密副使）等留守大都。益都千户王著看到人心愤怨，密铸一大铜锤，立誓要锤击毙阿合马。三月十七日夜，王著与高和尚合谋，联络八十余人，假称皇太子还京做佛事，进入大都。守宫官员忙兀台、张九思等察觉有异，集合卫士进行防备。但张易听从王著矫传的皇太子令旨，发兵来到东宫。王著等到达东宫南门，呼唤阿合马出来迎接。阿合马刚一出门，王著当即把他抓住，用藏在袖中的铜锤砸碎了他的脑袋。又把阿合马同党郝祯叫出来杀了，把张易囚禁了。这时，张九思赶到，指挥宿卫出击，乱箭齐发，起事者溃散。王著挺身而出，泰然就缚。接着，高和尚也被捕。忽必烈闻报震怒，立即派枢密副使孛罗、司徒和礼霍孙等急赴大都镇压。二十一日，王著、高和尚、张易都被处死。王著临刑时，“气不少挫而视死如归”，他大声说：“我王著为天下除害，今天要死了，将来必定会有人记述我的事迹。”他死时年仅29岁。

事后，忽必烈从孛罗处得知阿合马的许多奸恶，以及侵吞了大量财宝，于是下令将阿合马戮尸，让狗吃他的肉。阿合马的子侄全部处死，他们的家产全部没收，同党也多被罢黜。

但是，阿合马虽死，忽必烈却仍然需要像阿合马那样的人。尽管南宋已亡，忽必烈还想征服日本、占城、安南、缅甸和爪哇等国。对宗亲勋贵的赏赐更有常例，而且不断增长。因此，忽必烈继续需要“善于理财”的人来增加国库的收入。忽必烈以后重用的卢世荣和桑哥，同阿合马一脉相承，甚至更有过之。桑哥一直到至元二十八年（1291）才被诛杀，这时，忽必烈本人也不久于人世了。

·人物·
宗允

37

⏲时间：1285

掘宋陵

至元二十二年（1285）八月，绍兴路会稽县泰宁寺僧宗允等人偷盗南宋皇陵，与守陵人发生冲突。宗允向由元世祖忽必烈派来江南做“江南释教总统”的杨琏真珈进言，宣称亡宋陵墓中有金玉异宝。杨琏真珈贪心顿起，盯上了宋陵，派遣手下僧人大肆强挖宋陵。

挖宋陵

宗允等人以寺院田地被占为借口，带领一帮恶徒冲入宋陵，准备盗墓。当时的宋陵使中官守陵人罗铣尽力阻止，被暴徒打得半死，把刀架在他的头上，强行拖出陵园。这帮强盗和尚开始疯狂盗墓，他们先挖开宋宁宗、理宗、度宗、杨后四个陵墓，大肆劫取随葬品。

据记载，理宗的棺材被打开时，冲出一股白气，理宗面色如生，身下枕着锦缎，锦缎下垫以竹丝细簟。一个小和尚提起丝簟，往地上一扔，发出金属碰击声，原来是金丝织成的。理宗陵中宝物最多，为了拿到理宗含在口中的夜明珠，就把他的尸体倒挂在树上，让体内的水银流出来。尸体在树上挂了三天以后，宋理宗的脑袋与尸身分离，下落不知。有人说是因为他们相信得到帝王的髑髅可以带来好运，所以偷走了死人脑壳。也有人说是盗墓者把理宗的脑壳做成酒杯，送给了杨琏真珈。这帮盗墓者将墓中的珍宝一抢而空后，便扬长而去。罗铣归来悲痛欲绝，大哭一场后，买来棺木，将残骸收殓重埋。周围的南宋遗民无不失声痛哭。

青花缠枝牡丹纹罐·元

罐唇口，直颈，鼓腹，腹下敛，浅圈足。通体青花纹饰，颈部饰海水纹，肩腹部饰缠枝牡丹纹，近足饰忍冬纹和莲瓣纹，意韵之美，超凡出俗。

罪不加诛

发陵盗宝的消息传出后，马上引发了新一轮盗墓狂潮。宋徽宗、钦宗、高宗、孝宗、光宗五个帝王的陵墓先后被盗，孟、韦、吴、谢四个皇后的陵墓也被一盗而空。当时被盗的南宋皇陵和大臣冢墓达一百多座，大量地下珍宝散失殆尽。令人吃惊的是，徽、钦二陵皆空无一物，只有朽木一段而已。高宗和孝宗坟中也是空空如也，连尸骨都没见到。

当然，在这场疯狂的盗墓中，杨琏真珈大发横财，得到走马乌玉笔箱、真珠戏马鞍、交加百齿梳、香骨案、伏虎枕、穿云琴、金猫睛、龙肝石、绿玉磬等稀世宝物。南宋皇帝的遗骨被弃置荒野，这在南宋遗民中激起极大的愤慨。后来杨琏真珈令人将这些遗骨草草收殓，和牛马枯骨埋在一处，并在上面建宝塔一座，名为镇南塔。

杨琏真珈的胡作非为连元朝中的一些官员也看不下去，当杨琏真珈的靠山桑哥事败被处死后，朝中许多人弹劾杨琏真珈，但元世祖忽必烈仍对他罪不加诛。毕竟，在忽必烈看来，毁掉几个亡国帝王的陵墓算不上什么大事。

杨琏真珈强掘宋陵，这固然是为了满足贪欲而攫取金宝，实际上也反映了元代对南人的极端蔑视。历代陵墓，虽多有盗掘，而惨酷如斯，真可以说是惨不忍睹。有人赋诗咏叹南宋陵园的破坏："昭陵玉匣走天涯，金粟堆寒起暮鸦。水到兰亭转呜咽，不知真帖落谁家。"

南宋皇陵

·人物·
真金

38

⏲时间：1243 ~ 1285

推行汉法的真金

忽必烈统治后期，汉法派与理财派之间斗争激烈。忽必烈本人趋于消极保守，往往倾向于理财派，真金成了元廷中力图继续推行汉法的主要代表人物。

真金册立

真金是忽必烈的长子，1243年生。真金成年时，正值忽必烈创建元朝，他追随父亲经历了元初激烈的政治斗争。1262年他被封为燕王，守中书令，后又兼枢密院使。不过长期以来朝政是由忽必烈亲自掌管的。

元朝建立以后，汉法派认为汗位继承的混乱状态必须改变，应当确立中国传统王朝的嫡长子继位制度，并按照这样的制度预立皇太子，这是使王朝稳定、国祚久长的根本大事。后来阿合马控制朝政，破坏汉法，汉法派更把立国本视为当务之急，因为他们心目中的皇储就是真金，而真金是坚决支持汉法的。至元四年（1267）姚枢议政时已十分强调“建储副以重祚”。第二年，又有人上《三本书》，又提出“太子国本，建立之计宜早”。

确定嫡长子继承、预立皇储的制度是多数蒙古宗室成员难以接受的。但是，当时忽必烈具有最高权威，新制度能否确立，关键还在于忽必烈是否同意。有一次，忽必烈驿召张雄飞，问他：“当今什么是急务？”张雄飞说：“老百姓有点积储，还懂得托付给后代。这么大的一个国家，怎么能不早立皇储呢？如果蒙哥皇帝懂得这个道理，陛下今天能坐在皇位上吗？”张雄飞讲时，忽必烈躺着，他听到这最后一句话，霍地坐了起来，表示赞同。忽必烈为了传子传孙，接受了建皇储的建议。至元十年（1273）三月，他正式册立真金为皇太子。

蓝釉白花龙纹盘·元

此盘属于高温钴蓝釉瓷器。盘折沿，浅壁，平底。通体内外施蓝釉，外底无釉。盘心坦平，在蓝釉底上以白色泥塑贴一条矫健的白龙。

倾心儒学

真金从少年时起，就在忽必烈的要求下，接受儒家教育。他对阿合马十分厌恶，见到他就面有怒色，甚至当着忽必烈的面责打他。真金为皇太子后，在东宫自有一个怯薛（宿卫、禁卫军）班子和一批官员，形成了一支新的汉法派力量。1275年安童镇北后，真金成了汉法派的靠山和主要代表人物。

当时汉法派在真金支持下还有相当实力。汉法派老臣多半已卒，但又出现了一批新的汉法派官员。他们还悉心培养和联络了一批支持汉法的蒙古显要。而且，新的汉法派官员，除汉人外，还有南人。忽必烈在宋亡后大量召用了南人儒臣，这些南臣与汉臣存在一定矛盾，其中有的人后来甚至与桑哥合流，但大部分南臣也是主张维持汉法的。现在，真金为了继续推行汉法，又进一步征召和起用儒士。

革新失败

然而，真金与他的父亲已有很大的分歧。阿合马死后，朝廷之中讳言财利，这不符合忽必烈的心意。至元二十一年（1284）十一月，忽必烈终于罢去和礼霍孙等人官职，重新任命从北边返回不久的安童为右丞相，并任命原先投靠阿合马的卢世荣为右丞。卢世荣苛刻诛求，真金认为他不仅害民，而且是“国之大蠹”。卢世荣为右丞不到半年，御史陈天祥即进行弹劾，得到安童的支持。忽必烈为了挽回自己的声誉，不得已在至元二十二年（1285）十一月又诛杀卢世荣。

但是，这时发生了奏请忽必烈禅位事件。大约是至元二十一年（1284）底或二十二年（1285）初，南台御史上奏说，“皇帝年事已高，应当禅位给皇太子，皇后不应当干预朝政。”这显然是汉法派的一个大胆行动，其用意昭然若揭。真金听到消息，深感不安。御史台都事尚文把这个封章秘藏起来。阿合马的余党答即归阿散等得知，奏请钩索天下钱谷，清查各官衙案牍，实际上企图揭发这事。尚文告知安童、月律鲁（御史大夫）后不让清查。答即归阿散等立即奏闻，忽必烈便下敕索取这个封章。真金忧郁成疾，竟于二十二年（1285）十二月病逝。

·人物·
姚枢

39

时间：1201 ~ 1278

儒臣姚枢

姚枢（1201 ~ 1278），字公茂，号雪斋、敬斋，山西汾阳人，元初政治家、理学家。姚枢的父辈曾是金朝的官吏。金末，因其父调任许州（今河南许昌），于是全家迁到许州。他少时学习勤奋，自期甚高，当时闲居许州的名士宋九嘉对他倍加赏识，认为他有“王佐之略”。

传播理学

1232年，蒙古军攻破姚枢所在的许州。姚枢逃到燕京（今北京）投靠了杨惟中。杨惟中把他引荐给蒙古大汗窝阔台。这时漠北还没有汉族士大夫，窝阔台非常器重他。姚枢也因此留居漠北多年。这段经历，使他熟悉和了解了蒙古族的风俗习惯和文化。1235年，窝阔台出兵攻宋，姚枢奉命跟随杨惟中随军出征。他的任务是到汉地求访儒、道、释、医、卜、酒工、乐人等类人才。

姚枢随军到德安（今湖北安陆）时，他从俘虏中访得江汉间有一名儒赵复。他在军中约见赵复。赵复初见穿戎服的姚枢疑他是西域人，二人经过交谈，他对姚枢的才识十分欣赏，便拿出自己所写的数十篇文章赠送给姚枢。姚枢将赵复留于军帐中。赵复因家人在战争中死伤，不想存活。当夜，姚枢醒来时，发现赵复已不在床上。他追上赵复，见他脱履披发，仰天而号，正欲投水而死。姚枢劝他道：“只要你活下去，你的子孙也许可传诸百世。”在姚枢的苦劝下，赵复北上授徒。姚枢亲自护送赵复到燕京，并创立太极书院，以赵复为师儒，教授程朱理学，从学者达数百人。理学由此在北方传播开来。姚枢得以研读赵复所赠的“程朱二子性理之书”，很快成为北方阐扬理学的重要人物之一。

1241年，姚枢被窝阔台任命为燕京行台郎中，成为中州断事官的幕僚机构成员。但姚枢所事的中州断事官牙老瓦赤性喜货贿，汉地世侯们纷纷讨好、贿赂他。牙老瓦赤经常从接受的贿赂中分一份送给姚枢。姚枢洁身自好，于是弃官而去，携自家家小到辉州苏门（今河南辉县北）隐居去了。

姚枢在苏门出资垦荒田数百亩，设置私庙，潜心读书，奉祠设孔子及宋儒周敦颐

像，倡导理学。由于北方常年战乱，儒家经典，尤其是理学书籍相当缺少。姚枢便亲自从事小学、四书的刊行，他还劝别人刊刻图书，四处传播。当时，他与隐居在苏门的儒生窦默、许衡等人经常聚集在一起，朝暮讲习经学。窦默、许衡也经过姚枢的介绍，得以接触二程、朱子著述。后来许衡回到家乡魏地（今河南魏县南）后，开始授徒讲学，传播理学。窦默后来回到肥乡（今属河南）教书授徒，也逐渐知名。苏门也因此成了当时北方理学传播的中心之一。姚枢在这个过程中无疑起到了重要作用，他是将理学在北方传播开来的重要人物。

效力元世祖忽必烈

胸怀天下的忽必烈注意广罗人才。他对姚枢的学识与名声也久有所闻。当时，忽必烈周围已聚集着刘秉忠、李德辉等一大批名流儒士。1250年，忽必烈将姚枢召至漠北，姚枢从此成为忽必烈帐下的人。忽必烈经常与他商谈事务。姚枢曾上书数千言，极力劝说忽必烈采用汉人的法则治理汉地，推荐儒家伦理纲常和程朱理学。姚枢还列出时政要务三十条，包括立省部、辟才行、班俸禄、举逸遗等。因此，忽必烈日渐信任姚枢，姚枢也成为忽必烈幕府中的重要谋士之一。

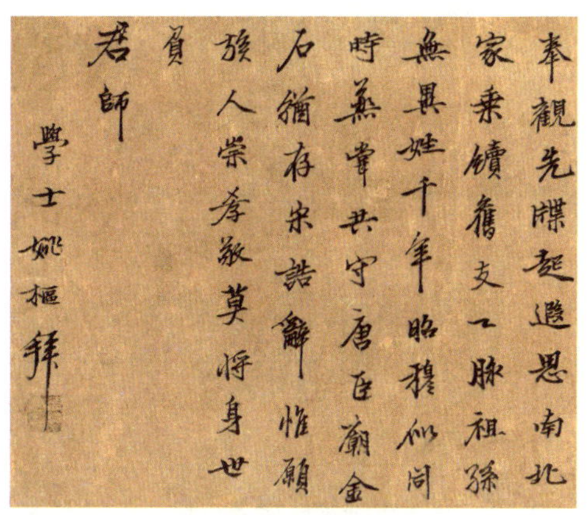

楷书《奉观帖》·元·姚枢

1251年6月，忽必烈的哥哥蒙哥继承了大蒙古国汗位。为了把大权控制在拖雷家族手中，蒙哥将漠南汉地政权全权委托给忽必烈掌管。忽必烈为此大宴自己的僚属。姚枢罢酒，忽必烈问他：“大家都在为我庆贺，只有你不作声，这是为什么？”姚枢回答说：“现今汉地土地广大，人民殷实，非漠北所能比。如若有廷臣离间，天子必定后悔而出兵争夺，实乃祸患。不如只把持兵权，凡军中的费用，都向负责机构领取，那么势顺理安，必得安宁，力图将来。”忽必烈听了这番话后恍然大悟，按照姚枢的建议把汉地政务交还给蒙哥。姚枢实际上是让忽必烈韬光养晦，图谋将来。

1252年，姚枢向忽必烈建议在蒙宋交界地段屯垦戍边。此后，他总结了蒙古军队历次征宋作战的重大失误。因为在历年的征战中，蒙古军烧杀掠夺，把汉人尽没为私奴，这不仅让汉人誓死抵抗，而且战后之地都一片荒芜。这样战果根本无法巩固。根据这些经验教训，姚枢建议把杀掠的短期军事行动变成分屯要地，以守为主，亦战亦耕的长期战备，等到兵精粮足的时候，就可以大举攻宋了。忽必烈赞同姚枢的建议，他在征得了蒙哥同意后，在河南、陕西等地实行姚枢的办法，屯戍军队，构置工事，耕战结合。蒙古军队与南宋边境上的重镇襄阳形成犄角之势，宋兵至则防御，去则耕种，只一二年而河南大治。

龙泉窑青釉火石红色八仙人物纹梅瓶·元

1253年，姚枢受命以王府尚书身份与杨惟中等人共同治理关中。同年秋，姚枢奉命跟随忽必烈南进，一直攻至大理城下。忽必烈派使者到大理城内宣诏，蒙古使节却被大理守将尽杀。忽必烈攻入大理城，听从姚枢止杀之谏，大理城未遭到破坏。1254年春，姚枢随忽必烈北归，驻军六盘山。忽必烈又用他为劝农使，治理关中地区。

有了姚枢的辅佐，忽必烈在汉地的势力和声望大大提高。1256年，蒙古朝廷中有人在蒙哥面前进谗言，告发忽必烈，蒙哥对忽必烈产生了猜忌之心。1256年，蒙哥派出他的亲信阿兰答儿到关中“钩考”钱谷（意即财务审计）。阿兰答儿倚仗大汗的声威，扬言对汉地的世侯和忽必烈委任的关中及河南官员有擅杀之权。忽必烈与蒙哥的矛盾顿时紧张起来。此时，姚枢向忽必烈进言，要忽必烈不要与蒙哥较劲，自归朝廷，回去久居，这样蒙哥的疑虑必定会打消。忽必烈犹豫不决，但姚枢再三敦促劝忽必烈返回漠北，以屈求伸。忽必烈思之再三，最终还是接受了姚枢的建议。1256年冬，忽必烈先后两次派遣使者去见蒙哥，表明自己归牧岭北的意愿。蒙哥同意了，忽必烈即回归漠北。兄弟相见，忽必烈用行动表示了对蒙哥的尊重，蒙哥大受感动，于是敕罢钩考。但最终还是解除了忽必烈的兵权。忽必烈留居岭

北。一年之后，蒙古军进攻南宋连连失利，使蒙哥不得不再次起用忽必烈。于是，忽必烈带着姚枢率军南下。

1259年，大汗蒙哥在征宋前线受伤，逝于四川。忽必烈当时已进军到湖北鄂州。忽必烈为了争夺汗位，便在鄂州城下与南宋订立和约，立即北归。1260年春，忽必烈在开平举行“忽里台”大会，即位称汗。蒙古帝国的统治重心也因此从此由漠北转移到漠南汉地。

与元初权臣的矛盾

忽必烈称汗后不久，他的弟弟阿里不哥也宣布即位，争夺汗位的战争不可避免地爆发了。以漠南汉地为基础的忽必烈，失去了家族多年来积聚在漠北汗庭的大笔财富，急需通过增加中原财赋来支持新政权，抗衡他的弟弟。忽必烈起用王文统，由他全面负责汉地的钱谷大计和行政事宜。王文统与姚枢等有门户之争。他精权术，擅机变，不拘泥于儒家的纲常名节，所以被窦默等人斥为“学术不正”。王文统在理财治国的问题上，反对理学派儒臣们倡言的藏富于民、舒缓民力，而主张加强财赋管理，增加国家收入，这正中忽必烈的下怀。因此，王文统一时成为忽必烈的宠臣。

中统三年（1262）春，益都世侯李璮发动兵变。忽必烈马上召姚枢商量对策，要他预测李璮叛变后的动向，姚枢准确地预测到了李璮的动向，深为忽必烈所信服。而王文统很快被发现与李璮兵变有牵连，从而被忽必烈所杀。

但姚枢在担任中书左丞以后，政绩并不十分显著。加之，姚枢亦以传播、显扬理学为己任，对蒙古贵族常欲“以三纲五常，先哲格言熏陶德性”，结果，反而使忽必烈产生了他只善于言谈，而不切实际的印象。忽必烈对他也越来越疏远了。而此时的阿合马的权力却稳步高升。

至元五年（1268），姚枢又一次离开京城到河南供职。他在河南主要经理屯田事宜。至元十三年（1276），姚枢改任翰林学士承旨。这时正是阿合马在朝廷的权力如日中天的时期，而姚枢就在这个翰墨词臣的位置上，明哲保身，一直到至元十五年（1278），病死。

⏲时间：1260 ~ 1280

帝师八思巴

所谓帝师，乃是元代皇帝从吐蕃请来喇嘛充当的一种最高神职。八思巴是元朝的第一位帝师。为什么这第一位帝师名垂青史，而其他帝师却默默无闻？这并非只是因为他占着“第一”这个名头，而是他在元朝历史上确实是一位了不起的人物。

八思巴拜见忽必烈

9世纪的时候，藏族领袖松赞干布所建立的吐蕃政权瓦解了，西藏陷入分裂状态中。12世纪时，喇嘛教（藏传佛教）中的萨迦派得到发展，萨迦派曾经试图统一西藏，但是没有成功。

此时蒙古的势力蒸蒸日上，向外扩张的势头正劲。1239年（南宋理宗嘉熙三年），窝阔台的次子阔端驻扎在凉州（今甘肃武威），派一个叫多达那波的将军进攻西藏。藏民们无法抵抗蒙古军队，要求萨迦派的首领萨班代表他们去和蒙古人谈判。经过谈判，西藏归附于蒙古，每年要向蒙古进献金银、兽皮、珠宝等贡品，蒙古不再派兵入藏。萨班为此写信给西藏的宗教领袖和封建主们，要他们向蒙古人归附。西藏领袖愿意归附蒙古，从此西藏归入中国版图，受历朝历代中央政府有效管辖，成为中国领土不可分割的一部分。

萨班的弟弟为桑查·索南坚赞，从萨班学习各种显密教法。桑查·索南坚赞的长子即八思巴（1235～1280），幼从萨班受沙弥戒，从其伯父尽学萨迦派一切显密教法。西藏完全臣服蒙古的时候，萨班已经去世，此时作为萨班的继承人，八思巴到六盘山拜见了忽必烈。

“八思巴”在藏语中是“圣童”的意思，这是藏民们给他的美称。因为八思巴从小聪明伶俐，7岁的时候就能熟读佛经，并且能知道经文的大概意思。1247年萨班到凉州跟阔端谈判的时候，把8岁的八思巴也带了去。谈判以后，八思巴被当作人质留在了凉州。他到六盘山拜见忽必烈的时候年仅15岁。忽必烈见到他非常喜爱，把他留在身边。

元代帝师之始

八思巴19岁时即开始为元帝忽必烈传授《喜金刚》大灌顶。忽必烈对这些很感兴趣，同时出于政治考量，中统元年

（1260）忽必烈当了大汗不久，封八思巴为“帝师”。

至元元年（1264），忽必烈设立了专门管理全国佛教事务和西藏地方军政事务的机构——总制院，让时年29岁的八思巴掌管。蒙古政府又在西藏设立了地方行政机构，并且派代表到西藏普查户口，设立27个驿站，根据当地的物产分布情况，重新划分行政区域，还在前藏和后藏设立13个万户，各万户兼管军事民政，他们都属于八思巴领导。八思巴既是西藏的宗教领袖，也是行政首脑，“政教合一”的新政体在西藏出现了。

创制蒙古新字

八思巴在历史上的贡献不仅在使元朝皇室接受了佛教，更为重要的是创造了“八思巴字”。1260年，他奉忽必烈的命令制定新的蒙古文字。蒙古人最初没有文字，后来成吉思汗灭了乃蛮以后，才让畏兀儿人塔塔统阿用畏兀儿文书写蒙古语，但是在使用过程中发现有很多不完善的地方，忽必烈很想创制一种新的文字作为全国通用的官方文字，于是就把这个任务交给了八思巴。八思巴借用藏文字母，创制了41个新字母来拼写蒙古语，于1269年正式公布使用，从此官方文书一律用八思巴创制的蒙古新字译写。现在从保留下来的元朝碑刻上，还能看到这种文字。所以，“八思巴字”象征着蒙古和西藏文化的交流。八思巴和他的弟子们，还把西藏佛教造型艺术传到内地，又把内地的雕版印刷术传到西藏。

玉雕八思巴坐像

该像高55.7厘米。表现的是八思巴坐于宝座之上。宝座下部有长方形高浮雕玉嵌饰，镂刻有4个儿童在太湖石和芭蕉丛中戏耍的场景。从宝座的形制来看，它与汉地椅子的造型也有相似之处，不同于常见的藏式造像。这尊玉雕像不仅映射出汉族人对八思巴的认同，将其勒石成像，以示尊敬，同时也体现了汉、藏文化亲密和谐的融合。现藏于西藏萨迦寺。

后来忽必烈又提升八思巴为“帝师、大宝法王”。至元十一年（1274），八思巴回到西藏，他的弟弟亦邻真留在大都，接替他做帝师。至元十七年（1280），八思巴去世。从八思巴之后，历代西藏喇嘛教首领都成为“帝师”，他们受朝廷的委托，执行朝廷命令，管理西藏政事。

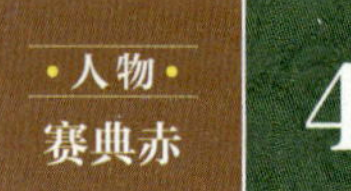

·人物·
赛典赤

41

时间：1274 ~ 1279

赛典赤治滇

赛典赤是回族人，出生于西域不花剌（今属乌兹别克斯坦布哈拉），一名乌马儿。他本名叫赡思丁，是伊斯兰教创始人穆罕默德的后代。“赛典赤”是“圣裔”（圣人的后代）的意思，成吉思汗经常叫他“赛典赤”，“赛典赤”也就成了他新的名字，人们一般习惯叫他赛典赤·赡思丁。

归顺蒙古

据说，早在宋神宗时期（11世纪70年代），赛典赤·瞻思丁的祖先就来到了中国，定居在今天山西省北部。赛典赤的父亲是个小部族的首领。成吉思汗西征时，当时只有十几岁的赛典赤率千余骑归顺，他被收为宿卫，随同蒙古军来到蒙古。后来，他跟随成吉思汗东征西伐，立了不少战功。赛典赤先后在从成吉思汗到忽必烈五个大汗的手下为臣，

宁夏银川新月广场的赛典赤浮雕

赛典赤，元代初期优秀的回族政治家。曾任云南平章政事（一省最高行政长官），对云南的社会、经济和文化建设都做出了重大贡献。

可谓“五朝元老”，深受蒙古和元朝统治者的信任。

蒙古军队在统一云南后，一直没有对云南形成很好的管理和控制。忽必烈即位后，把他的第五个儿子忽哥赤封为云南王，意图加强对云南的控制，不料忽哥赤竟被他的部下毒死。云南形势一度发生动荡。忽必烈决定在云南建立行省，由中央派大臣去对云南加以全面整顿。1273年6月，元世祖忽必烈任命赛典赤·瞻思丁为云南行省平章政事。赛典赤没有到过云南，他受命后，开始遍访熟悉云南情况的人，获得了丰富的人文地理资料，之后他精心绘制了一张图表呈送给忽必烈，并奏明他安抚治理的设想。忽必烈大喜过望，为赛典赤设宴壮行。

治理云南

1274年，赛典赤来到云南。当时，当地豪强掌握着云南的地方政权。赛典赤到任后，进行了许多重要改革。首先是改革原军事统治的政权建制，建立各级政权机构。下令原有的千户、万户等武职官员一律不得过问民政，设置路、府、州、县各级政权及各级军事组织，并相应设总管、知府、知州、知县行政官职。在少数民族地区委任当地民族官员，化解民族矛盾，安抚山官土司，不到万不得已不用武力。赛典赤进而开始清查户田，整理货币，整顿赋役，屯田垦荒，赈灾恤苦，设立州、县学堂，提倡儒学。这些改革措施有效地促进了云南地区的全面发展。

青花龙纹扁壶·元

此壶为西域民族出行、游牧、狩猎、将士征战时携带的用于盛水、酒或奶的容器。

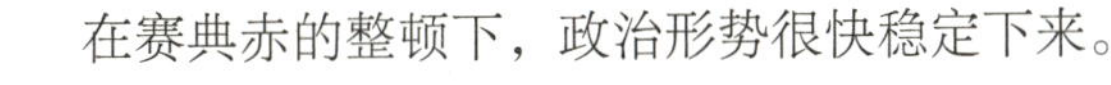

在赛典赤的整顿下，政治形势很快稳定下来。接着赛典赤腾出手来全力发展农业生产。当时云南滇池地区的水灾很严重，由于政事不通，管理混乱，滇池水利无人管辖，连年成灾。赛典赤·瞻思丁到云南后，决定对滇池进行大规模整治。

赛典赤进行了周密的调查和规划。他和随从们一起从盘龙江源头到滇池周围进行了实地考察，并制定出治理滇池水系的工程规划。他决定分上、中、下三段布置实施。

青白瓷狮子香薰·元

该香薰胎质细腻洁白，釉色晶莹呈半透明，炉盖底部与炉身底部留有黄褐色垫烧痕。

在上段，他决定在松华山谷修建松花坝。大坝位于鸣凤山与莲峰山之间最狭窄处，用来积蓄青龙潭、黑龙潭两股水源和雨季降水。坝上设水闸，旱时启闸灌溉田地，涝时封闸减缓下游水患。在中段，他重点整治盘龙江等河道。他组织人力开挖银汁河、金汁河、马料河、宝象河等分流盘龙江水，使河道沟渠形成网络。这样既减轻水患又便利了农灌。他让人还在河堤上种植柏树，既稳固堤坝又美化景观。现今一些河堤上还存活着已是七百余年的元朝古柏。在下段，重点放在海口河的疏浚。他同自己的儿子，率领两千多民夫，疏浚出长二十余里的河道，使滇池

水与螳螂川沟通，经普渡河汇入金沙江。如此，滇池水位大大降低，既减少了水患，又得万顷良田。通过这样的措施，水灾基本被治理。

推行汉化政策

赛典赤·瞻思丁到云南任职不久，云南罗波甸（今云南省丽江纳西族自治县西北）的纳西族发动叛乱，赛典赤·瞻思丁带兵前往征讨。他的随从们见他面露忧色，问他有什么心事。赛典赤说：“我并不是怕出兵打仗，我忧虑的是你们要去冒刀枪兵祸，无辜丧生而死；我又忧虑你们去抢掠平民百姓，使民不聊生，引起百姓叛乱，还得派兵去征服。”大军到达罗波甸城后，双方相持三天未开战。赛典赤·瞻思丁派使臣进城去劝他们投降。纳西族佯装同意，可是又过了三天，并无诚心投降的举动。将领们再次请求出兵攻城，赛典赤·瞻思丁还是没同意。这时候有些官兵沉不住气了，擅自发起进攻，赛典赤·瞻思丁大怒，立刻发出停止进攻的号令，并将为首的官兵绑了起来。这一颇具当年诸葛亮平南风范的举动倒感化了纳西族人，于是开城投降。西南其他地方的少数民族酋长们也纷纷闻风归附。

赛典赤·瞻思丁是一位忠实贯彻“汉化”政策的大臣，他到云南后在昆明兴建了孔庙，传播“三纲五常”等孔孟之道；他还注意改变云南少数民族的旧风俗，提倡礼仪，推广拜跪礼节，婚姻由媒人介绍，死者用棺材埋葬。这些封建文化和内地风俗的推广，使云南地区的文化风俗与内地进一步靠拢，从而进一步加强了云南和内地的联系。

赛典赤·瞻思丁在云南不到三年已经是政绩显著，法令畅通。他在云南平章政事任上六年，可谓为善甚多。1279年，赛典赤·瞻思丁逝于任上。

赛典赤主政云南浮雕

42

⏲时间：1254 ~ 1322

书画家赵孟頫

在元朝100多年的历史里，出现了许多著名的画家、书法家，其中最有成就的是赵孟頫。他在绘画上开创了元朝一代的新风气，后来的元四家——黄公望、倪瓒、吴镇、王蒙以及其他画家，都以他为祖师爷。他在书法上，篆书、隶书、楷书、行书、草书诸体精通，扬名天下。

苦研书画

赵孟頫，字子昂，号松雪道人，湖州（今属浙江）人。他是宋太祖赵匡胤第11代孙，南宋理宗二年（1254）出生，卒于元至治二年（1322）。

赵孟頫多才多艺，诗词文章都写得非常好，又精通音乐，善于鉴定古董文物，而成就最高的是绘画和书法。这些成就的取得，是与他几十年如一日的勤学苦练和谦虚谨慎的性格分不开的。

赵孟頫5岁读书，就开始练书法，几十年间，总是每天清晨起床，盥洗完毕后，点好香，开始练字。一天少则几千，多的时候要写上万个字。早年他临摹王羲之的《兰亭序》和王羲之的后代、隋朝和尚智永的《千字文》。仅仅《千字文》，他临摹了不知多少遍，真正做到了娴熟的地步。有一位叫田良卿的书法家，从街市上买到一卷《千字文》，凭他渊博的书法知识，开始都以为是唐人的笔法，看到最后，才知道是赵孟頫写

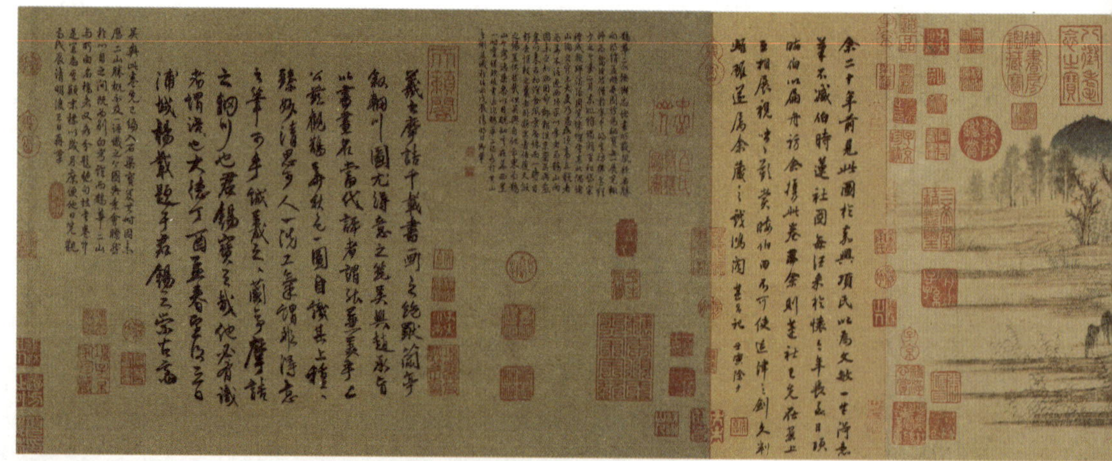

的。赵孟頫广泛地搜集各种古帖，对各个书法家的字迹全都认真临摹，因此，他能吸收各家的长处，融会为一体，形成了自己独特的风格，被称为“赵体”或“赵字”。

赵孟頫在世的时候，他的书画就已经是十分珍贵的艺术品了。他的作品不仅在国内享有盛名，也为外国人所喜爱。印度有个和尚，不远万里来到中国，请求赵孟頫为他写字。后来，他把赵孟頫的字带回印度，也成了他们国家的艺术珍品。

初到大都

元朝灭南宋后，赵孟頫长期在家闲居。他知道自己在政治上不会再有什么前途，于是发愤读书，钻研书画，结果成就很高，名声也很大。元世祖忽必烈为了要笼络汉族地主阶级，于至元二十三年（1286），派行台侍御史程钜夫到江南去搜罗有名望的知识分子到京城来做官。程钜夫到江南调查走访，开列了20多人的一张名单，赵孟頫名列第一。赵孟頫跟着程钜夫到了大都，受到忽必烈的单独接见。忽必烈见到赵孟頫，认为他才气纵横，神采焕发，看上去好像神仙中人，不觉大为赞叹。忽必烈非常赏识他的才能，把他留在朝廷里办事，可是遭到朝廷里许多

《鹊华秋色图》·元·赵孟頫

此图是赵孟頫的代表作之一，在元、明两朝一直收藏于民间，到了清朝，被收入皇宫，成了乾隆皇帝心爱的宝贝，乾隆以大字“鹊华秋色”题于引首，题跋九则，钤印众多。现藏于中国台北故宫博物院。

蒙古贵族和色目贵族的反对，但是忽必烈坚持己见，执意任用赵孟頫。当时尚书省刚刚建立，忽必烈命赵孟頫书写诏书颁布天下，赵孟頫一挥而就，忽必烈看后非常高兴，赞叹道："你写的东西就是我心里想的！"

当时，忽必烈召集百官在刑部商定法律，大家认为赃款达到至元钞二百贯就应该判死刑，赵孟頫不这样认为，他说："刚开始造中统钞的时候，是用银子作为根本的，钞和银价值相当。现在过去了二十年，银重钞轻已经相差几十倍了，因此才改中统钞为至元钞。二十年后，至元钞必然和中统钞的情况一样。如果按照钞的数量来定百姓的罪，似乎太重了一些。古代由于米和绢是百姓所需要的，因此上称为'二实'。银和钱与米、绢比起来就轻得多，称为'二虚'。按这四个来衡量，虽然时升时降，但是终究差距不是很大，如果按照绢来计算赃物的话，最为合适。"有人认为赵孟頫年少轻狂，刚从南方来，就敢擅自责备国法的不足，心里很是不舒服，便责备赵孟頫："现在朝廷正在推行至元钞，因此对犯法的人才拿至元钞来计算赃款。你却认为这样不对，难道是要阻止至元钞的推行吗？"赵孟頫说："法律是关系到人的生命的，条款的轻重，搞不好就会草菅人命。我奉陛下诏书参与讨论，不能不实话实说。现在中统钞已经不值钱了，才改行至元钞，如果说至元钞没有不值钱的时候，有这样的道理吗？大人不按照情理分析，反而想要拿权势来欺压我，怎么能行？"这个人听了很是惭愧。忽必烈本来想重用赵孟頫，但是有人一再阻挠。直到至元二十四年（1287）六月，赵孟頫才被任命为兵部郎中。

直言敢谏

虽然赵孟頫职位不高，但是在朝廷里却能知无不言，言无不尽。当时有一个叫王虎臣的人弹劾平江路总管赵全违法乱纪，忽必烈就命王虎臣前去调查。尚书右丞叶李上奏认为不应该派王虎臣去，忽必烈不听。赵孟頫就向忽必烈进谏："赵全固然应该进行调查，但是王虎臣以前在这个地方任职，多次抢占百姓的土地，纵容自己的幕僚违法乱纪，赵全曾和他多次发生争执，王虎臣非常恨赵全。如果王虎臣前去调查，必会置赵全于死地，即便调查的结果是准确的，大家也会对这样的结果产生怀疑。"忽必烈听后就醒悟了，就派其他人前去。

官场如戏

又一次忽必烈问赵孟頫，叶李和留梦炎谁优谁劣，赵孟頫回答道：“留梦炎是我父亲的朋友我的长辈，这个人持重严谨，笃实自信，有大臣的气度；叶李所读的书我都读过，他所知道的所能做的，我也知道也能做。”忽必烈说：“你难道认为留梦炎比叶李优秀？留梦炎是宋朝的状元，当过宰相，在贾似道欺瞒君上害民误国的时候，留梦炎为了权势依附贾似道；叶李当时只是一个布衣，却能伏阙上书，这一点就比留梦炎优秀。你因为留梦炎是你父亲朋友的缘故，不敢明明白白地指斥他的错误，你就写诗讥讽他吧！”于是赵孟頫就赶紧写了一首诗，诗中有这样的句子“往事已非那可说，且将忠直报皇元”，忽必烈看后很是高兴。经过这件事，赵孟頫就产生了自保之心，他便对奉御彻里私下说：“陛下论述贾似道误国，责备留梦炎不弹劾贾似道。现在桑哥的罪已经超过了贾似道，而我们这些人却一言不发，以后用什么话来推卸自己的责任？但是我是被陛下疏远的人，即便说了陛下也不会听。现在陛下亲近的大臣中读书知义理、慷慨有大节的，没有超过您的。即便损害自己，但能够除去奸贼，这是仁人义士的责任，大人您一定要努力呀！”不久，彻里就在忽必烈的面前揭发桑哥的罪行，忽必烈大怒，命卫士击打彻里的脸，血从嘴里和鼻子里面流了出来，彻里被打昏了过去。醒过来以后，忽必烈再次问他，他还是不改口。当时大臣里面也有揭发桑哥的，忽必烈认为罪证确凿，就处死了桑哥，撤销了尚书省，许多大臣因此被罢官免职。

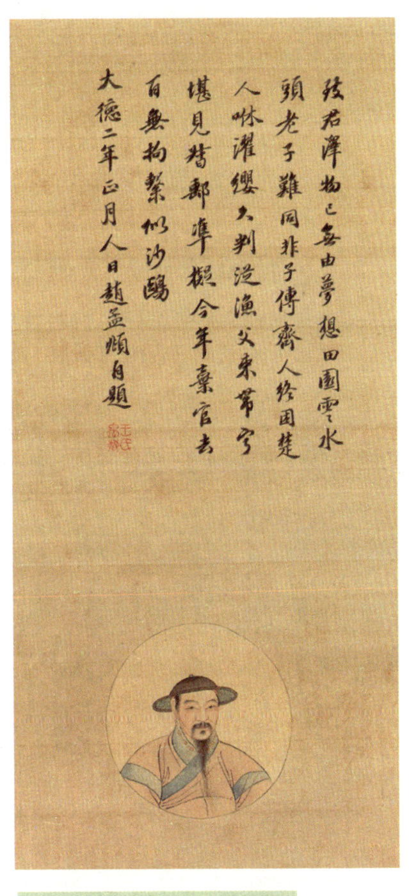

《自画像》·元·赵孟頫

纸本，纵63.8厘米，横30.8厘米，现藏于美国纽约大都会艺术博物馆。

后来赵孟頫要求到地方上去做官，忽必烈同意了。十多年以后，赵孟頫才被调回京城，被任命为没有实权的翰林学士承旨。元仁宗至治二年（1322），赵孟頫病逝，享年69岁。

元代书法

元代对书法的重视不亚于前代，书法艺术得到一定的发展。据明陶宗仪《书史会要》记载，元代书法家达300余人，其中以赵孟頫、鲜于枢、康里巎巎等成就最为突出。赵孟頫擅长篆、隶、楷、行、草诸体，法度谨严，用笔遒劲，体势朗逸，风格姿媚，创造了独具面目的赵体。著名书法家还有邓文原，擅长楷、行、草书，运笔清劲秀丽、韵致古雅。元中、后期的康里巎巎擅长楷、行、草书，能摆脱赵孟頫对当时书坛的影响。他的书法行笔迅急，笔画遒媚，转折圆劲，是赵孟頫、鲜于枢之后成就最为突出的书法家。

《行草书韩愈石鼓歌》（局部）· 元 · 鲜于枢

鲜于枢的草书淋漓纵横，气势雄壮，颇得旭、素风韵，是赵孟頫未曾涉猎的。此草书字大近掌，疏放中寓沉稳，酣畅中见精微，疏放中不失法度，是后人所不及的。

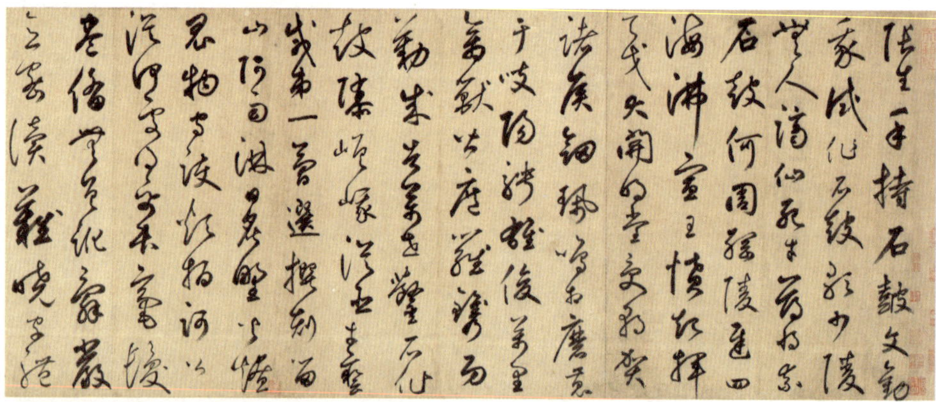

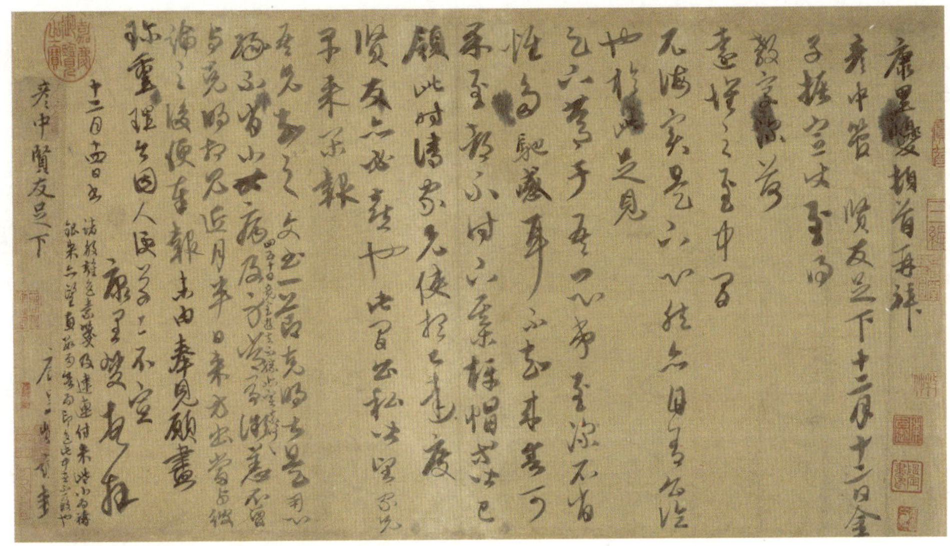

《致彦中尺牍》（局部）·元·康里巎巎

此牍以行草书写，收信者之“彦中”，即叶彦中，原系康里子山朝中同事，后出任江南行台架阁管勾。由内容可知其二人交情匪浅。此幅用笔率意，格调清隽，兼用二王及米芾笔法，当是早年书风，与其晚年参合章草笔意，自成一格之面貌，大异其趣。

《道德经》（局部）·元·赵孟頫

《道德经》纵 33 厘米，横 221 厘米，是赵孟頫的小楷代表作之一，书于延祐三年（1316）。字体工整秀丽，笔法稳健，肥厚中自有筋骨内含，矫捷而多姿，融晋、唐、宋人之风流、气度适己之风神，颇具特点。卷首有明姚绶行书“松雪书道德经”六字，前隔水绫上有近人张爰二题。

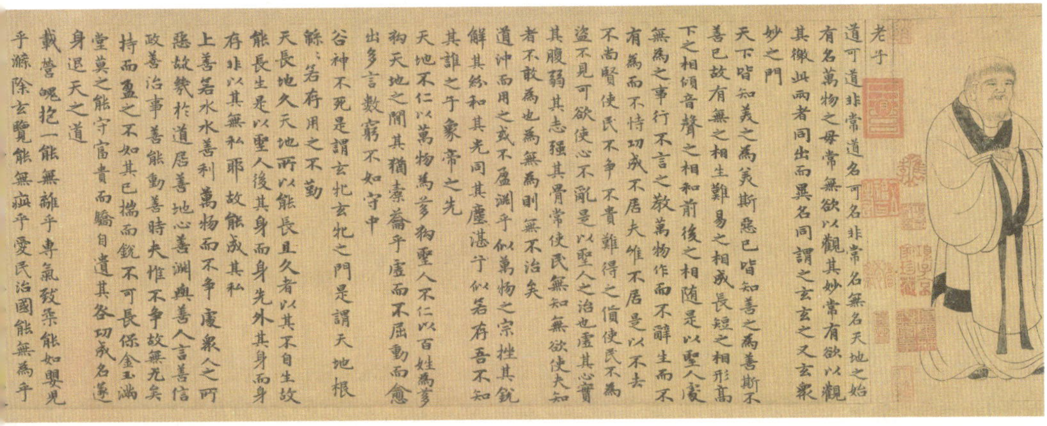

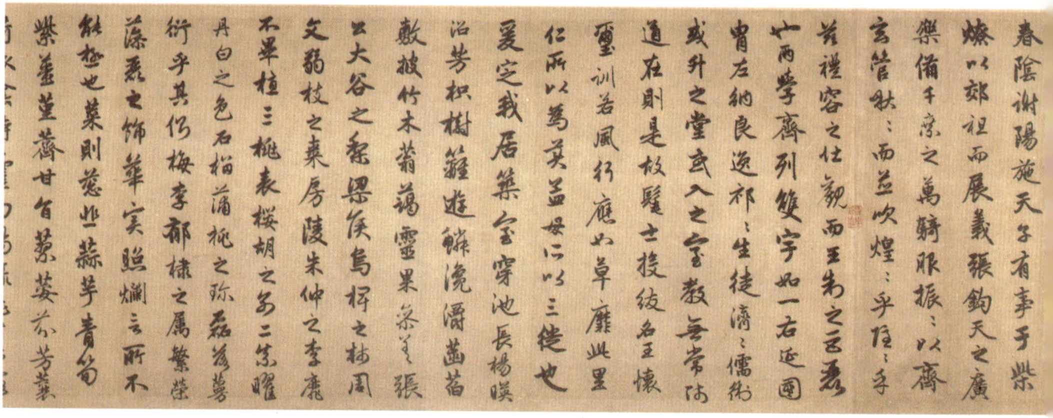

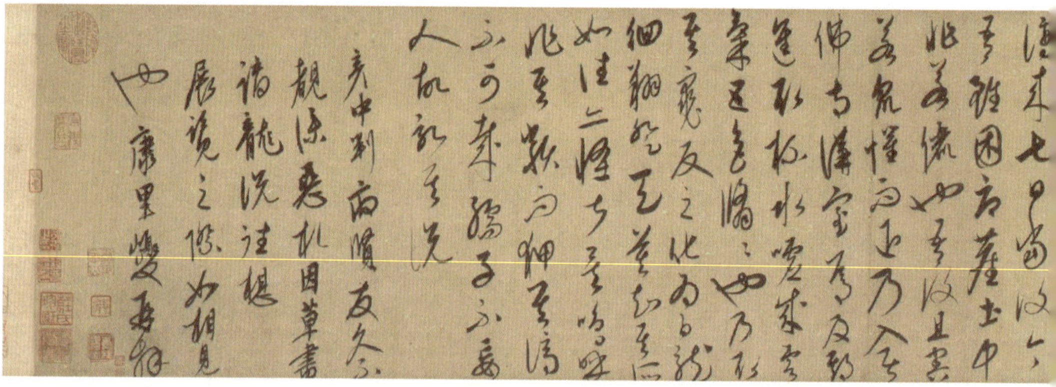

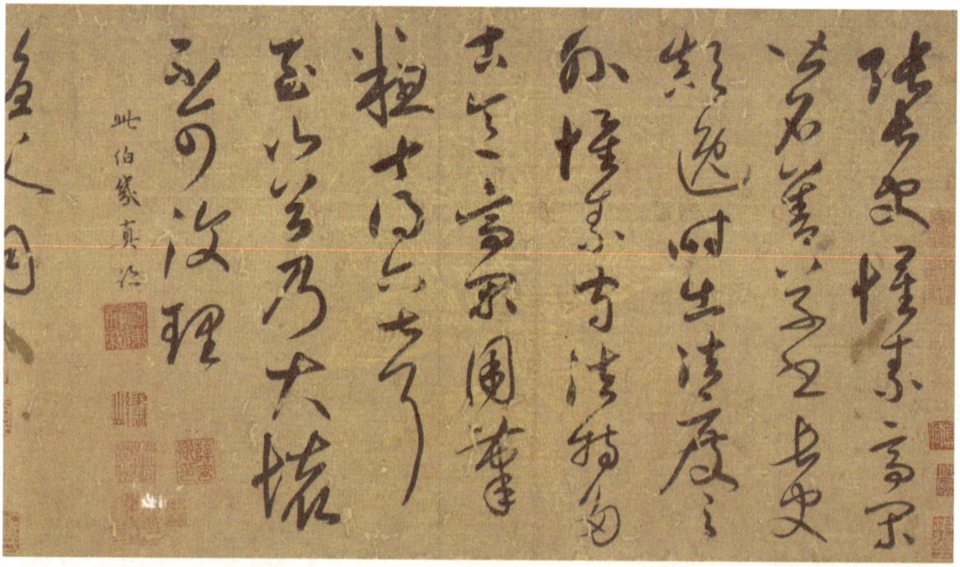

《论草书帖》·元·鲜于枢

鲜于枢的书法成就，主要在于行草。草书学怀素并能自出新意。他的执笔方法很有特点，使用独特的回腕法；喜欢用狼毫，写字强调骨力。他的行草书骨力劲健，真力饱满，行笔潇洒自然。

《行书闲居赋》（局部）· 元 · 赵孟頫

纵 38 厘米，横 248.3 厘米。书西晋著名文学家潘岳《闲居赋》一首，56 行，凡 627 字，款署子昂。无年月。笔意安闲，气韵清新，通篇行楷结合，方圆兼备，体态优雅，体现赵氏书法艺术之书卷气和富贵气。现藏于故宫博物院。

《谪龙说》（局部）· 元 · 康里巎巎

此卷用笔时见章草之波挑法，为其原本流利酣畅的行笔增添了不少古拙之趣，使节奏韵律更加明朗。此法始见于赵孟頫，因而可以看出康里巎巎的这种用笔方法实乃借鉴于赵氏。其总体风格挺劲刚健，俊逸洒脱，颇具气势，锐利中见委婉，与典雅秀逸的赵派书风确有异趣。

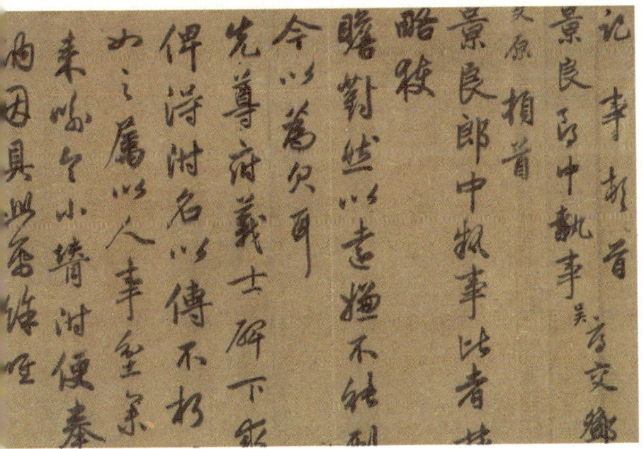

《致景良尺牍》· 元 · 邓文原

纸本墨笔，纵 33.4 厘米，横 41.8 厘米。共 13 行，每行字数不一，共 103 字。元代前期书家大多从“二王”入手，用笔潇洒，轻盈秀润。邓文原的书法虽然也有这种严谨的书风要求，但是其字间增加了赵字因力求完美而缺失的潇洒与轻松。现藏于中国台北故宫博物院。

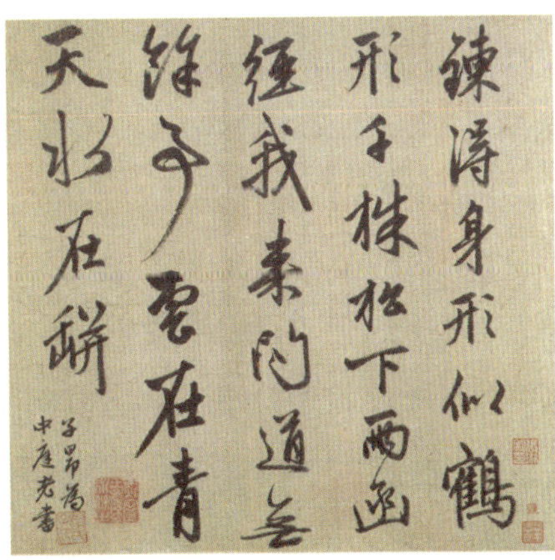

《行书七绝诗》· 元 · 赵孟頫

纸本，纵 32 厘米，横 45 厘米。此为赵孟頫书自作七言绝句一首。此帖虽仅短短 5 行大字，却笔力深沉稳健，气势恢弘傲放，结体严谨端庄，首尾富于变化。书风虽显苍老，但依旧雍容洒脱，是赵氏晚年大行书中的精品。

时间：1274 ~ 1280

远征日本

元世祖忽必烈即位时，蒙古已是一个称雄欧亚大陆的庞大帝国。放眼望去，东边的高丽已成为蒙古的属国，南宋则苟延残喘，亡国只是早晚之事。隔海固封自立的日本，于是成了元世祖想要征服的下一个目标。

得不到回应的使者

至元三年（1266）八月，元世祖忽必烈派遣兵部侍郎黑的、礼部侍郎殷弘来到了高丽国都城，要求高丽国王协助晓谕日本，使之臣服。此时的高丽君臣上下认为本国无法再承受战争的沉重负担，决定想办法打消蒙古的战争意图，争取时日，休养生息。

于是，在护送蒙古使者到达巨济岛以后，高丽宰相李藏用以“风涛险阻”为由，再三劝阻，终于说得蒙古使者黑的放弃诏谕日本的使命，返转大都去了。

元世祖得知使者空返而归，勃然大怒。他对不尽力配合的高丽进行了一番严厉的申斥：“卿先后食言多矣，宜直身焉。”忽必烈严令高丽立即与日本交涉，要求日本对蒙古臣服进贡。至元四年（1267）九月，高丽被迫派遣使者前往日本劝降。

从至元六年到九年（1269 ~ 1272），蒙古、高丽的使者前后五次往返，要求日本臣服进贡。日本的实际统治者镰仓幕府态度强硬，对蒙古拒绝通交，不给予任何的回应。当时，日本正处于变革时期，社会动荡，镰仓幕府的统治者北条时宗为了维护自己的统治地位，态度强硬，根本不会在对蒙古的交涉中低头，否则他的统治将在顷刻间瓦解。

忽必烈自恃武力强大，对于岛国日本的强硬态度无法理解，再三地派出使者前往日本。但是很显然，他对于日本国内的社会状况了解不够，对日本抵抗的决心也没有充足的体会。镰仓幕府从一开始就决定彻底抗战。一直无法得到日本正面回应的元世祖忽必烈终于认识到了外交压服不可行，决定以武力征服日本。

第一次远征

为了远征日本，忽必烈在高丽大量屯军，并在当地强征兵员，迫使高丽国负担造船的重任，远征日本的计划紧锣密鼓地进行着。

至元十一年（1274），元朝向高丽下达了造舰900艘的指令，要求其中300艘千石大船、300艘快速战船、300艘汲水小船。限期急迫，高丽国内深以为苦，怨声载道。由于时间紧急，最后完成的海船是依照较为轻便的高丽船式而非坚固的南宋船式建造的。

同年年底，元朝、高丽联军2.8万人乘坐900艘海船自高丽合浦出发，航向日本，开始第一次远征日本。庞大的元朝远征船队很快就渡过对马岛西海域，在对马岛登陆，日本幕府守护代宗助国率领80余骑迎战，力量对比悬殊，幕府武士全部战死。不久，远征军登陆壹岐岛，只一天便攻陷岛城，壹岐幕府守备部队崩溃，守护平景隆自杀。联军很快逼近肥前松浦郡，守护松浦一族崩溃。

获得急报的九州武士们在镇西奉行少贰资能和大友赖泰的指挥下，向元军可能登陆的沿海地带集结。十月十九日，蒙古、高丽联军的船队到达博多湾。第二天联军在今津、博多一带登陆，日本本土的陆上作战正式开始。

日本武士对联军阵地展开奋勇抗战，激烈的战斗持续到日落，蒙古军团的副将刘复亨在战斗中为箭矢所伤。另一方面，惯常“一骑讨”战术的日本武士在蒙古军团的集团作战打击下，伤亡惨重，博多、箱崎各地先后沦陷。稍后逐队赶来参战的九州各武士团体也在联军集中火力的

《忽必烈与元大都》·现代·马振声

打击下迅速溃败。日本武士被迫向大宰府水城方向退却。

入夜以后，取得胜利的元朝、高丽联军各位将领对下一步的战斗安排产生了分歧。对日本颇有了解的高丽名将金方庆主张以破釜沉舟的气势与大宰府的抵抗者彻底决战，一鼓作气解决九州岛的战役，然后静待己方的援军。而元军将领忻都与洪茶丘对日本武士奋力抗争的气势颇有余悸，考虑到联军士卒疲劳，将帅负伤，唯恐遭到敌方的夜袭，最终决定联军部队放弃已经取得的陆上阵地，全军撤回海船暂歇。

当天夜里，博多湾风高浪急，联军海船触礁沉没很多，将士之中落水溺死者无数，军心极度动摇。在这样的状况下，继续征伐日本已经完全没有可能，残军于是连夜退回高丽，元朝对日本的第一次远征以失败而告终。

第二次远征

第一次远征失败后，元世祖一直耿耿于怀，决心择机再度征伐日本。

至元十六年（1279），南宋灭亡。一度中止的征伐日本的准备工作重新启动。这次，不单在高丽建造战舰，南宋的降将范文虎也在江南一带开始建造起了海船。

至元十六年，忽必烈确定了远征日本的计划，元将忻都、洪茶丘和高丽将领金方庆率领蒙古、高丽、汉（指原辽、金和蒙古统治下北中国的汉人）联合的四万远征军，组成东路军，自高丽合浦出发；阿剌罕、范文虎率领十万被称为蛮子（原南宋统治下的汉人）的新附军，号江南军，自浙江宁波出发，两军预计于壹岐岛会合，共同攻击日本。为了保

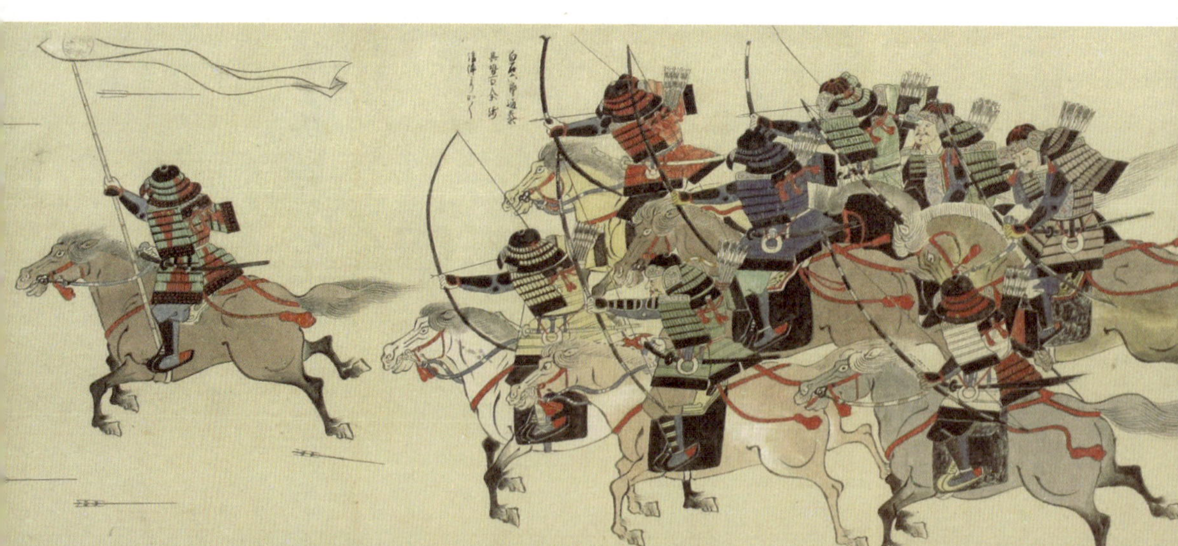

证远征军持续作战的能力，忽必烈指示远征军携带锄头、铁锹等农具以备登陆后就地屯垦之用。

至元十七年五月三日，东路军从合浦出发。五月二十一日，船队占领对马岛、壹岐岛。六月六日，东路军到达博多湾，为沿海石垒所阻，于是船队在博多湾中志贺岛、能古岛下锚。由于石垒的阻碍，远征军自始至终无法成功登陆博多，只有海水退潮的时候，志贺岛有狭长海滩通往陆地，远征军于是和日本武士们在这一海中通道间进行了殊死的拼杀。由于通道狭窄，元军无法发挥其集团作战的能力，又因为是在海上，蒙古人所擅长的骑射与火器战术也没有办法施展，战斗持续到六月十三日，元军伤亡甚众，却一无所获。

东路军将领率军退出博多湾，前往壹岐岛，而江南军失约未至，使东路军军心动摇。正当东路军进退失措时，江南军的先遣队到达了壹岐岛。六月二十九日和七月二日，尾随先遣队而来的日本武士先后两次攻击壹岐，激战不支，被击退。七月二十七日，远征军东进，占据鹰岛。就在此时，远征军突然遭到台风的袭击，远征船队躲避不及，海船在风浪中相互撞击，大部分沉没。台风过后，元军将士溺亡甚众。日本武士驾小船出海，捕杀在海上落难的元军士兵。元帝国对岛国日本的第二次征伐就此落幕，十四万大军只有三万多人归还。

元世祖忽必烈无法容忍两度征伐日本的失败，征伐日本成了他的一块心病。第三回远征日本的准备工作一直到至元三十一年（1294）忽必烈去世才被终止。而此时，由于江南人民的起义反抗，征伐日本的计划就再也无人提起了。

《蒙古袭来图卷》·日本·无款

·人物·
关汉卿

44

⏲时间：元初

杂剧才子关汉卿

关汉卿，号已斋叟，元代大都人，伟大的杂剧作家。大约生于元太宗年间（1229 ~ 1241），卒于大德年间（1297 ~ 1307）。关汉卿是杂剧的创始人，他的创作极大地丰富了中国古代文学的宝库。他在《窦娥冤》中所塑造的窦娥这个形象，展现了古代劳动人民坚贞不屈的品质和不向黑暗势力低头的斗志，代表了当时广大人民的精神面貌。

平民作家关汉卿

关汉卿像

由于古代剧作家地位的低下，所以关于关汉卿生平的资料很少。钟嗣成《录鬼簿》记载，他曾任太医院尹，可能是医生。还有人认为他是金朝遗民，因而在元朝也走不上仕途。有书称他“生而倜傥，博学能文，滑稽多智，蕴藉风流，为一时之冠”。

关汉卿擅长歌舞，精通音律，能吟诗，会琴箫。这些便于熟悉舞台、接触演员、了解观众的活动，为他从事杂剧创作提供了不可缺少的实践经验。南宋灭亡后，元世祖至元十四年（1277），他先后到过当时杂剧创作和演出中心杭州、扬州。他与造诣颇深的作家、演技甚精的演员磋商杂剧艺术，促进了创作水平的提高。

关汉卿熟悉下层社会的生活，他的剧作取材广泛，他笔下的艺术形象来自不同阶级、不同阶层、不同身份，主角有一般平民和官僚，也有地痞流氓和妓女，他们或善良正直，或歹毒凶恶，都被刻画得鲜明生动。关汉卿不仅创作，他有时也登台与演员们一同演出。

关汉卿是一位多产的杂剧作家。他一生写了66部剧本（一说63部），几乎比英国戏剧家莎士比亚多了一倍，保留下来的只有18部（其中包括科白残缺的3部，只有单支词曲的2部），代表作品有：《感天动地窦娥冤》《闺怨佳人拜月亭》《赵盼儿风月救风尘》《关大王单刀会》等。

千古名剧《窦娥冤》

关汉卿晚年的代表作品《窦娥冤》可称得上是千古名剧，是中国古典悲剧的典范。王国维称其可“列之于世界大悲剧中亦无愧色”。

《窦娥冤》的主要故事情节是：窦娥三岁丧母，七岁离开父亲。身为穷困秀才的父亲，为还清债务和筹措进京赶考的盘缠，欠下蔡婆婆几十两银子，只得将女儿窦娥作为抵押品送到蔡家做童养媳。十年后，窦娥的丈夫不幸死去。家里剩下老少寡妇俩。一天，蔡婆婆出外索债，赛卢医欲谋财害命，将她勒死。地痞张驴儿和父亲搭救了蔡婆婆。他们乘机要挟，硬搬进蔡家居住。不久，蔡婆婆嫁给了张老头。张驴儿见窦娥年轻美貌，欲娶她为妻，她严词拒绝。张驴儿暗生一计，买来毒药欲害死蔡婆婆，以便霸占家财，强娶窦娥。不料，张驴儿却误害死自己的父亲。张驴儿转而诬陷窦娥，说她谋害了公公张老头。在黑暗吏治下，张驴儿买通关节，见钱眼开的楚州太守桃杌，不问青红皂白，严刑拷打窦娥。窦娥被屈打成招，判了死刑，满腹冤枉，无处申诉。《窦娥冤》描写了一个震撼心灵的故事，剧本在深层意义上指向了对人的尊严的关怀，从而使这部剧作具有极其深远的思想意义和文化意义。

延伸阅读

元曲四大家

元曲四大家是指关汉卿、白朴、马致远、郑光祖四位元代杂剧作家。明代何良俊在《四友斋丛说》中说：“元人乐府称马东篱（致远）、郑德辉（光祖）、关汉卿、白仁甫（朴）为四大家。”在此以前，元代周德清在《中原音韵》序中说：“乐府之盛之备之难，莫如今时……其备则自关、郑、白、马，一新制作。”关于这几位元曲作家的排列和评价，因人因时而各有不同。元代钟嗣成的《录鬼簿》把关汉卿列为杂剧作家之首，贾仲明称关汉卿是：“驱梨园领袖，总编修师首，捻杂剧班头。”明代前期以后，又有盛赞郑光祖而贬低其余三家的，如何良俊《四友斋丛说》说：“马之辞老健而乏滋媚，关之辞激厉而少蕴藉，白颇简淡，所欠者俊语，当以郑为第一。”

·人物·
马可·波罗

45

时间：1271 ~ 1295

马可·波罗来华

马可·波罗，意大利人，出生在意大利威尼斯的一个商人家庭。在中外关系交往史上，他是需要浓墨重彩的一个人物。他是把中国介绍给西方的第一个外国人。他的《马可·波罗游记》成为中西文明交流的载体。他在游记中把中国的养蚕、丝绸、造纸、纸币、印刷、烧煤以及城市建筑、市政管理、艺术等，详细地记载下来。西方国家正是通过他的游记，了解了东方富庶繁华的中国。这本书在中西方文明交往中起到特殊作用，为后来的历史埋下了伏笔。

坎坷的东方之旅

元中统五年（1260），马可·波罗的父亲尼古拉·波罗和叔父玛赛·波罗到金帐汗国做生意，在回国途中经过不花剌时，他们遇上了伊利汗国派往元朝的使臣，在使臣的邀请下，他们一起到了中国。

此时的元帝国，忽必烈刚即汗位不久。他们到达时，忽必烈接见了他们。忽必烈向他们了解西方各国和罗马教廷的情况，他们认真地一一回答。忽必烈很满意，也很感兴趣，他决定派使臣柯嘉达到罗马教廷，并任命波罗兄弟二人为副使。忽必烈让他们带上他亲笔写的国书前往。在信中，忽必烈请求罗马教皇派100名精通修辞、逻辑、语法、天文、数学、地理、音乐等七种学科的传教士来中国。他还要他们到耶稣墓取一些长明灯中的圣油。这是因为忽必烈的母亲信仰基督教，而且他听说有了圣油可以得福，也可以治病，因此渴望得到它。

忽必烈派出到欧洲的使团出发不久，大使柯嘉达就得了重病，无法前往。波罗兄弟只好单独前进。他们在途中的时候，得知教皇已经去世。到了意大利，他们只好先回到家乡威尼斯，打算等选出了新教皇时，再去罗马教廷。

尼古拉和玛赛兄弟俩在威尼斯等了两年，新教皇却迟迟没有选出。他们为了不辜负中国皇帝的期望，决定再到中国去。那时，尼古拉的妻子早已死去，只留下17岁的儿子马可·波罗。这次他们把年轻的马可·波罗一起带去。

他们先到罗马教廷取得证书，又去圣城耶路撒冷取了圣油，然后踏上遥远的旅途。但当他们走到亚美尼亚境内的时候，罗马新教皇选出来了。于是，他们又返回去见新教皇，向新教皇递交了忽必烈的国书。但是新教皇只派了两名传教士随同他们到中国去。哪知，上路不久，两个传教士听说亚美尼亚正在打仗，担心自己的性命不保，就把给中国皇帝的公文和礼品交给了波罗兄弟带去，他们则回罗马复命去了。

波罗兄弟和马可·波罗三人穿越西亚各国，越过中亚大沙漠，再翻过世界屋脊帕米尔高原，最后进入今天我国的新疆境内。他们在新疆的罗布城休息了一周，然后又继续在无边无际的沙漠中前进，终于在1275年到达元朝的上都（今内蒙古自治区多伦县西北）。从罗马出发算起，他们三人共用了三年半的时间。他们一路上历尽艰辛，有时候一连十几天遇不到一户人家，空中见不到一只鸟儿，路上看不见一棵青草。他们达到上都时，元世祖忽必烈正在上都避暑。他们把教皇的信交给忽必烈，献上圣墓的灯油和教皇的礼物，向忽必烈讲述了与教皇交涉的情况以及沿途的经历。

《马可·波罗游记》书影

旅居中国

元世祖对他们三人的到来非常欢迎，分封他们三人为荣誉侍从。从此他们三人就开始在中国旅居下来。

马可·波罗天生聪明，很快就学会了蒙古语和其他语言。他办事细心认真，又很能干，忽必烈对他很信任。马可·波罗喜欢养马，写过一篇关于马的文章，忽必烈把这篇文章和有名的八骏图并排挂在皇宫里，由此可见忽必烈对他的欣赏。忽必烈常常召他进皇宫，让他讲述欧洲各国的风情，忽必烈总是听得津津有味。

马可·波罗得到忽必烈的信任，在大都担任了职务；此外，他还经常奉命去各省巡视或出使外国。他到过中国的大部分地区，据说他还在扬州当过官。后来，他还奉命出使南洋，在东南亚一带的国家都有活动。

转眼，马可·波罗和他的父亲、叔父在中国整整生活了17年，他们很想回家乡威尼斯探望。这时，伊利汗国的大汗派来三名使臣，向元朝求娶王妃，元世祖决定把17岁的公主阔阔远嫁给大汗。不料，中亚发生战争，道路不通，伊利汗国的使臣和公主又回到了大都。正巧马可·波罗从印度坐船回来，向忽必烈汇报了各国的情况和航行的经过。伊利汗国的使臣便想从海路回去。忽必烈本来舍不得让马可·波罗父子离开中国，但因为公主出嫁，又不得不让马可·波罗父子三人带他们从海上走，但是要求他们送亲后再来中国。

至1292年年初，马可·波罗父子三人准备了十四艘大船，从福建泉州出发了。他们还带着元世祖忽必烈写给法国、英国和西班牙等国国王的国书。

最后，他们用了两年半的时间才到达伊利汗国。随行的近千人，这时只剩十八个人了。但公主在他们的小心照料下安然无恙。他们把公主安全送到伊利汗那里，休息了九个月之后，决定回自己的家乡。他们在回乡的路上得知元世祖忽必烈已经去世，于是彻底打消了再回中国的念头。

1295年底，他们回到了家乡威尼斯。当时威尼斯正在和热那亚打仗，马可·波罗加入了威尼斯舰队作战。三年后，马可·波罗被俘虏。在关押他的监狱中有位名叫鲁思蒂谦的作家。在被关押的一年中，马可·波罗把自己在中国和亚洲各国的丰富见闻讲给鲁思蒂谦听，鲁思蒂谦把它记录和整理了下来，这就是闻名世界的《马可·波罗游记》。

《马可·波罗游记》全书分四个部分：第一部分描写马可·波罗到中国时异常艰苦的旅程，以及他所经过的一些国家和地区的情况；第二部分记述了中国丰富的物产和元代许多繁荣昌盛的城市；第三部分介绍了中国近邻的国家和地区；第四部分讲述成吉思汗之后的蒙古诸王为争夺王位所进行的战争以及俄罗斯的一些情况。

书中对元大都（书里叫汗八里，今北京）、西安、济南、开封、苏州、镇江、福州、杭州、泉州等城市进行了非常真实的描述，对城市丰富的物产以及城市建筑等都讲得很详细。

马可·波罗述说壮丽豪华的元大都时说：汗八里的设计像一个棋盘，一个正方形城市，四周都有城墙。汗八里人口繁多，其中还有许多外国人，他们有的是来做生意的，

有的是来进贡方物的。城内建筑华丽，货物琳琅满目。每天都有从国内和各国运进的货物。仅丝一项，每天就有上千车入城。他还描写了杭州城的富庶美丽：杭州城规模很大，周围有一百多英里，城里有石桥一万二千座，整个城市像建筑在水上。市民有十二种行业，每种行业的从业者甚众。杭州出产丝绸，因而当地居民大都穿绸衣。这里的富商很多。在城里有一个风景优美的大湖（就是西湖），沿湖有贵族居住的美丽的宫殿和住宅。

《马可·波罗游记》所记述的美丽富庶的东方大国，当时的欧洲人并不相信这本书里的内容。后来，《马可·波罗游记》的真实性得到证实，东方和中国开始成为欧洲人向往和探索的地方。

加泰隆尼亚地图亚洲部分·14 世纪

加泰隆尼亚地图以多种颜色和金银描绘在羊皮纸上。和其他的航海地图不同，这份地图的阅读方法是北方在下，由左到右阅读。所以中国的部分绘在第一张（左手边这一张）。远东部分的地图，受到当时的旅行文学（如《马可·波罗游记》）相当大的影响。如 Catayo 中国，或是标示出 Chambaleth 汗八里，也就是北京。除此之外，还能从图中辨识出许多真实和幻想中的城市。这点就是加泰隆尼亚地图最有趣的地方：它表现出地中海以东的区域在经济上的重要性，但是对当时的欧洲人而言，此地仍属神秘未知的领域。现藏于法国国家图书馆。

·人物·
郭守敬

46

时间：1231 ~ 1316

郭守敬编《授时历》

郭守敬，字若思，顺德邢台（今属河北）人。金哀宗正大八年（1231），郭守敬出生在一个学者家庭，祖父郭荣精通数学和水利。郭守敬耳濡目染，对天文学尤其感兴趣，还自己动手做了一些小的天文仪器。他的祖父后来把他送到精通天文、地理、数学的老朋友刘秉忠那里去学习，这使郭守敬的学业更有长进。

郭守敬的水利成就

元世祖忽必烈中统元年（1260），刘秉忠的老同学、当时任中书左丞的张文谦把郭守敬带到自己的身边工作，奉命巡视大名、彰德等路（今河北西南部和河南东北部地区），负责水利建设。郭守敬利用业余时间进一步钻研莲花漏，还带着工匠，亲自动手仿制了一台铜质莲花漏。两年以后，张文谦把他推荐给忽必烈。在忽必烈召见他的时候，郭守敬献上了这个莲花漏，同时提出了水利建设的6条建议。忽必烈很欣赏，提拔他负责各路河渠的整修管理事务。至元元年（1264），他随同张文谦到陕西、甘肃、宁夏一带，修复了唐来、汉延两条古渠。

至元十二年（1275），郭守敬奉命踏勘黄淮平原地形和通航水路，同时建立“水站”（水上交通站）。自孟津（今河南孟津东南）以东，沿黄河故道，在方圆几百里内进行了地形测绘和水利规划工作，并且画成地图，一一详细说明。绘图过程中，他以海平面作为标准，初步运用地理学和测量学中重要概念——海拔。

郭守敬在水利方面的最大贡献是，开凿从大都到通州的一段运河（大运河当时只通到通州，即今北京通州区一带）。至元二十八年（1291），郭守敬提出了包括兴修大都运粮河在内的11条水利建议。第二年，他以太史令兼领都水监事，主持了这项工作。这条长160里的运河和配套工程，仅用一年半时间就全部完成了，取名叫“通惠河”。南方的运粮船可以一直沿着大运河直达北京。京杭大运河至此全部完成。

编定《授时历》

至元十三年（1276），郭守敬被调到太史局，负责制定新历。

元朝统一全国以前，使用的历法是《大明历》。《大明历》已经使用700多年了，跟当时的天象越来越不符，误差很大。所以刘秉忠曾经提出过修改历法的建议，但是当时正在战争期间，一时还顾不上这件事。直到南宋灭亡以后，忽必烈才决定设立专门机构修改历法，派郭守敬和王恂主持这项工作。

在修历过程中，郭守敬提出了“历之本在于测验，而测验之器莫先于仪表”的主张。为此，他首先集中精力研制新的天文仪器，他对旧有的仪器做了仔细检查。他和工匠一起，研制了近20种天文仪器。其中最主要的有简仪、仰仪、圭表以及和它配合使用的景符等仪表。

简仪是根据浑天仪改制的。我国早在春秋战国时期就发明了测定天体的浑天仪。以后，经历代改进有所发展。然而，在郭守敬之前，这个测天仪器存在着许多缺点。重叠的圆环把许多天空区域遮住了，缩小了仪器的观测范围；同时，好几个环都有各自的刻度，读数系统复杂，使用不便。郭守敬在此基础上，针对浑天仪存在的缺点进行了大胆的革新改造。他保留了最必需的两个圆环系统，又把其中的一组分出来，改成另一个独立的仪器，而将其他圆环系统完全取消。这样一来，既不会再发生因为圆环数过多而遮掩星体的现象，所测得的二十八宿星距的位置也比较准确。由于这一仪器既精确又简单，故又称其为“简仪”。简仪的结构与现代的“天图式望远镜”基本上是一致的。

郭守敬雕像

赤道日晷

在欧洲，像这样结构的天文仪器，直到18世纪才从英国流传开来。

仰仪是郭守敬独创的一种天文仪器。它是一个铜铸的中空的球面，看上去就像一口锅，所以取名“仰仪”。在半球的口上，刻着东、西、南、北四个方向，凹部刻有与观测地纬度相应的纵横网格。半球口上用一纵一横的两根竿子，架着一块小木板。板上开了一个小孔，孔的位置正好在半球面的球心上。太阳光通过小孔，在球面上投下一个圆形的像，映照在所刻的线格上，这样便可测得太阳在天空中的位置。当发生日食时，仰仪面上的日像，也相应发生亏缺。因此，通过仰仪便可以直接观察到日食的方向、亏缺部分的大小和各种食像的时刻。

圭表是测定二十四节气的主要仪器。表是一根垂直于地面的标杆，当太阳在子午线上时，表投影在北方向圭面上，量取影子的长，就可以推算节气。旧圭表影边缘不清晰，影长不精确。用来量长度的尺，一般只能计算到分，在推算时刻时，易发生误差。另外，它只能观测日影，而不能观测光弱的月、星的影子。为了解决影界不清的问题，郭守敬同时创制了一个叫作“景符”的仪器，利用小孔成像的原理，使日光通过一个薄钢片上的小孔，再射到圭面，从而收到影界清晰的效果。研究中，郭守敬发现按比例推算二十四节气时发生误差的重要原因之一是圭表的表影不长。于是，他把圭表的表高加大到40尺，比旧表增高5倍。为了改进量取长度的技术，他又将原来只能量到“分”位的，分别提到“厘”位，尽量减少误差。郭守敬这些大胆改革措施，使圭表的精确度提高了，基本上弥补了自唐宋以来圭表存在的缺陷之处。

这些仪器都有实用、简便、灵巧、精确的特点。可惜原物都早已损毁，没有保存下来。

郭守敬等人根据大量观测资料，并仔细研究了自西汉以来的70种历法，编制出了新历法——《授时历》。从至元十八年（1281）起，《授时历》开始在全国颁布实行，使用时间长达363年（1281～1643）。

《授时历》也是中国古代精密的一部历法，和南宋杨忠辅制的《统天历》一样，以365.2425天作为一回归年，如果以小时计算，是365天5小时49分12秒，比地球绕太阳公转一周的实际时间只差26秒，经过3320年后才相差一日，跟目前国际通用的公历（格里历）完全相同。

另外，《授时历》在数学上也有很大的贡献。《授时历》应用招差术推算太阳、月亮以及五星逐日运行的情况，早于欧洲400年。1670年，英国天文学家格里高里最先对招差术作了在欧洲的首次说明。

《授时历》编成以后，郭守敬集中精力从事著述，先后撰成《推步》《立成》《历议拟稿》等天文书稿10多种、100多卷。这些书籍，包括极其珍贵的两个星表，后来都失传了，具体内容已经无从知悉。仅《授时历经》《授时历议》和简仪、圭表等几种仪器的构造和使用方法，由于载入《元史》，才得以保存下来。

可以说郭守敬是当时在中国，乃至在13世纪的整个世界，在天文学、水利工程、地理学、数学和机械工程等方面都是首屈一指的杰出科学家。

元代的“回回历”

在元代，由于许多西域人到中原地区定居，其中不少人还身居高位，为了照顾他们的民族习俗和宗教礼仪，都需要使用“回回历”。于是，元代设立了专门的机构——“回回司天监”，由回族人观测天象，并编制“回回历”。至元四年（1267），回族星历学者札马鲁丁制作了七种西域天文仪器，并撰成《万年历》进呈忽必烈。至元八年（1270），忽必烈在上都设立“回回司天台”，任命札马鲁丁为提点，负责编写“回回历”。皇庆元年（1312）“回回司天台”改称“回回司天监”，他们的主要工作就是每年颁行历书，由“回回司天监”颁布的历书就称为“回回历”。在元代，今天新疆地区、宁夏的部分地区，南方的泉州等地已经有许多信奉伊斯兰教的民族居住，与西域交往也十分频繁，颁布官方“回回历”是一种客观的需要。

·人物·
王祯

47

⏲时间：约 1271 ~ 1368

王祯著《农书》

王祯，字伯善，东平（今属山东）人，生于1271年前后，是元代著名的农学家。王祯曾任旌德县（今属安徽）和永丰县（今属江西）县尹。任职期间，他劝课农桑，注重发展农业，组织修筑水利工程，注意考察农业生产技术，积累了丰富的农业生产知识。在任旌德县尹时，他综合整理平日的积累，开始写作《农书》。在他任永丰县尹时完成了《农书》，时间大约是在1313年。

王祯为官首重农

王祯生活在元朝的前期和中期。1272年，忽必烈迁都大都（今北京）。1279年，忽必烈灭亡南宋，统一了中国。

元世祖忽必烈非常重视农业生产。早在1260年，就设立了十路宣抚司，以通晓农事者为官，劝农生产。第二年，他又设立劝农司，置官劝农使。到1270年，元朝成立了专门负责农桑水利事宜的政府机构——司农司。司农司的主要职责是派遣劝农官到各地巡视农业生产的情况，申报地方官在农事方面勤惰的材料。1288年，元朝进一步在江南设立行大司农司和营田司。

司农司等农事机构的设立，对元初恢复和发展农业生产起了重要积极的作用。为了使农民掌握生产技术，提高农业产量，元世祖忽必烈派人到各地搜集古今农书，组织编写农业书籍，1273年编成《农桑辑要》一书。王祯就是在这样的重农思想的大环境中长大的，对他日后写作《农书》自然有很大影响。

《农桑辑要》书影

元世祖去世的第二年（1295），王祯到旌德县做县令。六年后，他又被调到永丰县当县令。他在这前后十年的地方官生涯中，实现了自己做一个勤政为民的好官的理想。每年农忙的时候，王祯都亲自到农村去指导农业生产。他把自己积累的丰富的农业知识传授给农民，既教他们种植和管理以及收割桑、麻、稻、麦的方法，又亲自画出新式农

具的图样，教他们如何制造，如何使用。王祯认为作为地方官，如果不懂得农业知识，不熟悉农业生产，就难以尽到劝导农桑的责任。他搜罗出历代农书，反复研读，并且经常观察各地的农事操作和农业机具，这些为他撰写《农书》奠定了坚实基础。

编撰《农书》

王祯写作的《农书》内容分为三大部分：第一部分是“农桑通诀”，第二部分是“百谷谱”，第三部分是“农器图谱”；其后还附“杂录”。

“农桑通诀”是关于农业的总论。其内容包括农业史、授时、地利、耕垦、耙耢、播种、锄治、粪壤、灌溉、收获，以及植树、畜牧、蚕桑等方面，比较系统完整。“百谷谱”部分专门叙述各种农作物、瓜果、菜蔬、竹木等的种植栽培法，其中最值得重视的是推广棉花。王祯竭力主张南方和北方都普遍种植棉花，因为它关系到老百姓的穿衣问题，只要种植得法，南方北方都可以获得丰收。“农器图谱”主要是介绍各种农业器具。书中共绘有306幅各种农具、农业器械、运输工具、灌溉工具、纺织机具图，而且在每一幅图后都附有一段文字说明，详细介绍各种工具的来源、结构和使用方法，这其中有许多是当时最新式的农具，比如，用四头牛拉的犁，灌溉用的高转筒车、牛转翻车和割荞麦用的推镰，等等。

王祯不仅在农学方面是专家，他在机械设计和印刷技术的革新方面也做出过突出贡献。尤其在印刷方面，王祯创制了木活字。他亲自指导木工花了两年多时间雕刻了3万多个木活字，试印了由他编写的6万多字的《旌德县志》。王祯把制作木活字的方法以及排版、印刷的经验总结出来，写成《造活字印书法》，把它附在《农书》后面向人们推荐。此外，他还发明了“转轮排字盘”，有了它，排字工只需要坐着推动转盘，就可以拣字排版了，大大减轻了印刷工人的劳动强度。

王祯的《农书》，是一部具有划时代意义的不朽之作。在古代中国的农学史上，《农书》与《氾胜之书》《齐民要术》《农政全书》，合称“四大农书”。

时间：1280 ~ 1311

武宗海山

成宗铁穆耳病逝于大德十一年（1307），他的儿子德寿于大德九年（1305）十二月先于他病逝。这样皇位继承就成了问题，元朝廷的贵族和大臣分成两派，每派支持一个帝位候选人。

海山即位

一派由成宗皇后伯岳吾氏本人控制，支持安西王阿难答（成宗铁穆耳的堂弟）即位，得到了以中书省左丞相阿忽台为首的一批中书省大臣和中政院官员的支持；另一派以中书右丞相哈剌哈孙为首，他们支持成宗铁穆耳的二哥答剌麻八剌的儿子怀宁王海山和爱育黎拔力八达，得到了宗王秃剌（察合台重孙）和牙忽都（拖雷的后代）的支持。

安西王阿难答曾参加对海都的讨伐，立有战功。他的年纪比海山要大，而且这时候正好还带来了降顺的阿里不哥的儿子明理帖木儿，住在大都。而海山对海都的作战更是战功赫赫，他曾袭击海都的儿子察八儿，并且还俘虏了察八儿的弟弟斡鲁温孙，明理帖木儿最初也是向海山投降的，并且海山此时依然指挥着帝国最强大的军队。论战功、血统，海山比阿难答更有资格成为皇位的继位人。

但是得到右丞相哈剌哈孙的支持，是海山和爱育黎拔力八达夺得帝位的关键。哈剌哈孙控制着中枢机构，还在铁穆耳患病以后掌握着帝国卫军。作为右丞相，他用暗中拖延的办法拒不执行皇后伯岳吾氏发出的诏旨，并且拒不让伯岳吾氏一派使用印信和动用国库款项；同时，他派出使者催促海山和爱育黎拔力八达尽快赶回京城。

弟弟爱育黎拔力八达先赶到大都，立即采取行动。他率领哈剌哈孙交给他的军队突袭宫廷，杀死阿忽台，囚禁了宗王阿难答和皇后伯岳吾氏，逮捕了大批亲附阿难答的大小官吏。

海山则带领三万名士兵，于大德十一年（1307）三月赶到和林。

虽然爱育黎拔力八达因为控制了京城而居于有利地位，但海山不仅是年长者，还握有超过弟弟实力的军事力量。在他们的母亲答己仲裁之下，兄弟二人达成协议，爱育黎拔力八达放弃宫廷政变后的摄政地位。作为回报，海山在即位后封他的弟弟为皇太子。同年五月间，海山在上都召集了一次形式上的“忽里台”大会，公推海山为新的皇帝。

海山即位以后，对官员进行了大规模的更换，拥护他最卖力的哈剌哈孙也被调往外地任职。他任命乞台普济为中书平章政事。不久，又将乞台普济升为中书右丞相。尚书省设立后，中书省名存实亡，乞台普济于是又改任尚书右丞相，封衔“太傅”。又不久乞台普济辞去尚书右丞相一职，被封为“安吉王”；代替乞台普济任尚书右丞相的是脱虎脱。脱虎脱上台后着手整顿金融，发行了“至大银钞”来代替贬值的“至元钞”，并且铸了“至大通宝”与“大元通宝”两种铜钱来争取人民的信任。但是脱虎脱并未毁弃“至元钞”的版子，仍旧印发“至元钞”，称“至大银钞”为“银钞”，却又并没有赋予它“兑现”的功能，仍旧禁止金银与铜的使用和买卖。这样的改革措施注定走向失败。海山在位时还设立“常平仓”，试图平抑米价，也归于失败。

元武宗像·元·无款

海山始则摈弃哈剌哈孙，重用乞台普济，继则将尚书省交给脱虎脱等人主持，中书省的六部无法正常运转。结果求治得乱，事与愿违。

海山将爱育黎拔力八达立为太子，还任命他为中书令兼领枢密院，由于海山往往直接下旨任用百官，爱育黎拔力八达的所谓“中书令兼领枢密院”实际上也只是一个空头衔而已。

至大四年（1311）正月，武宗去世，时年31岁。他遗留下的诸多问题，成了日后元廷政变迭生的诱因。

·人物·
元仁宗

49

⏲时间：1311

仁宗即位

武宗海山因弟弟爱育黎拔力八达助其即位，便封他为皇太子。至大四年（1311）正月，武宗去世，在位不过3年7个月。爱育黎拔力八达于武宗去世后，立即以“皇太子”“中书令兼领枢密院”的地位掌握政权，废除尚书省，捕杀脱虎脱等人，于三月十八日即位，是为仁宗。

贤明君主

仁宗可以说是忽必烈之后，元朝十位皇帝中颇有作为的一位君主。他虽然对蒙汉之间的隔阂仍未完全消除，却很注意任用汉人南人，他在位期间，在中书省先后担当过中书平章政事和其他要职的汉人有15位之多。他在位的时候国内局势相对稳定，这自然和他所采取的政策有关。也正是他，恢复了废弃多年的科举制度。仁宗敬重儒学，曾命人用蒙古文翻译了《孝经》《列女传》《大学衍义》和《贞观政要》等书。

元仁宗像·元·无款

仁宗信佛，对其他各种宗教却也一概宽容。他平生不好色，也不好打仗，不乱盖宫殿庙宇，可谓俭用爱民。但他有一个不好的习惯是太好酒，他只活了36岁，可能是喝酒太多，伤了身体的缘故。

仁宗时的权臣有铁木迭儿，名臣有李孟。铁木迭儿是成吉思汗时候的功臣者该的玄孙，在成宗铁穆耳的时候做过同知宣徽院事，兼通政院使；在武宗海山的时候当过宣徽使、中书平章政事、江西与云南的行省平章政事；在仁宗的时候当过中书右丞相，因为仁宗对其行为不满，免去了他的中书右丞相一职，然

而仁宗的母亲答己（兴圣太后）喜欢他，在没有征得仁宗同意的情况下就直接用“懿旨”又恢复了他的中书右丞相一职。不久仁宗在兴圣太后的压力下，又任命铁木迭儿为太子太师。

当年武宗海山和弟弟爱育黎拔力八达有过约定：武宗不传位给自己的儿子和世㻋，而立爱育黎拔力八达为太子，传位给他；将来爱育黎拔力八达也要传位给和世㻋，而和世㻋再传位给爱育黎拔力八达的一个儿子。

但是仁宗却背弃了这个约定，于延祐三年（1316）十二月立自己的亲生儿子硕德八剌为太子。一则仁宗有私心立自己的儿子，二则是自己母亲兴圣太后和铁木迭儿在左右掣肘。并且铁木迭儿还早在延祐二年（1315）十一月就怂恿仁宗封和世㻋为“周王”，并于延祐三年（1316）三月命和世㻋镇守云南，在事实上将其流放。

青花缠枝牡丹纹梅瓶·元

可惜这还算得英明的仁宗，却因为太孝顺，并且始终摆脱不了权臣的迷惑，不能不说是元朝历史上的一个悲剧。

李孟为潞州（今山西长治）人，生长于汉中，在成宗铁穆耳时做过礼部侍郎，后随兴圣太后与仁宗住在怀州（今河南沁阳）。成宗死后他随仁宗一起去了大都，并劝仁宗发动宫廷政变。武宗海山时他因不容于同僚而在河南许昌隐居数年。至大三年（1310）被召回，至大四年（1311）海山死后，李孟先后任中书平章政事和议事平章及翰林学士承旨。

李孟在朝廷，可谓一心为民，一心为政，常常是知无不言、言无不尽。害民的地方官被他免职，病民之政也被他废除，可谓仁宗朝的一位贤臣。他的最大贡献，可以说是劝说仁宗于延祐二年（1315）恢复了科举制度。这一年的科举考试仁宗任他为主考官，录取了护都沓儿为蒙古色目榜的状元，张起岩为汉人南人榜的状元。

李孟曾当过武宗和仁宗的老师，这也是仁宗崇敬儒学的原因，并且李孟还扩充了“国子学”的教学内容，教出了不少蒙古子弟与汉人、南人子弟。

·人物·
周达观
汪大渊

50

时间：1295 ~ 1349

周达观与汪大渊

元朝时来中国的马可·波罗世人皆知，但是当时去外国访问或旅行的两位旅行家知道的人可能就不多了，他们是周达观和汪大渊。

周达观与《真腊风土记》

周达观，自号草庭逸民，温州永嘉（今浙江温州）人。元成宗元贞元年（1295），周达观奉命随使团赴真腊（今柬埔寨）访问。第二年二月使团离开宁波，二十日从温州坐海船出发，海船利用东北风，沿着福建、广东沿海经过海南岛，进入交趾海（今北部湾），费时25天，于三月十五日到达占婆（今越南中部），又经半月，抵达湄公河口。此时遇上了逆风，使团转舟内河，借着西南风，于七月到达真腊。周达观在到达柬埔寨后，便南北纵行，到了今磅清扬、洞里萨湖、暹粒、吴哥等地。周达观在柬埔寨居留了一年多，大德元年（1297）六月由吴哥启程，仍循海道返国。回国后，他根据亲身经历，写了《真腊风土记》一书。

在《真腊风土记》中，周达观以猎奇的眼光和敏锐的观察力，记录了柬埔寨13世纪末各方面的事物。它不仅是元代的一部重要域外地理著作，而且由于它丰富的历史记载，可以弥补柬埔寨正史的不足，对研究柬埔寨历史还具有重要的意义。由于柬埔寨关于13世纪的文字记载甚少，因此过去和现在研究柬埔寨历史文化的学者，几乎没有例外都要利用这本书中的史料，特别是其中关于故都吴哥的记载，非常受人重视。可以说《真腊风土记》是研究柬埔寨吴哥极盛时代的珍贵历史文献，周达观也就成了柬埔寨很多人所知晓的一位历史人物。柬埔寨人为了纪念他，后来在吴哥窟里还专门替他建造了塑像。

青白瓷刻缠枝牡丹纹梅瓶·元

此瓶体态优雅文静，闲适安逸，通身纹饰典雅华美。花枝舒卷自如，轻盈曼妙。

《真腊风土记》所记载的内容虽然广泛，共分有41项，但是文字极为简练，全书只有8000多字。其中与地理有密切关系的有：“总叙”“城郭”“正朔时序”“耕种”“山川”“出产”“贸易”“草木”“飞鸟”“走兽”“蔬菜”“鱼龙”“蚕桑”等项，对柬埔寨盆地的气候、水文、土地利用、耕种收获、水旱季移居以及浮稻的特殊生长情况进行了描述。柬埔寨位于中南半岛，属热带季风气候，降雨主要靠西南季风，雨季开始于5月，到10月底结束，午后多热雷雨；从11月到翌年4月为旱季，干燥少雨。《真腊风土记》中所述：“四时常如五六月天，且不识霜雪”，一年“可三四番收种”，“半年有雨，半年绝无”，“每日下雨，午后方下”。还说洞里萨湖雨季涨水时，“巨树尽没，仅留一杪”；旱季湖水退落时“仅可通小舟”，居民特别是渔民跟着水涨“移入山后”和水退而下移，形成季节性移居。这些气候水文和耕作特点的描述，不仅是当时情况的正确反映，而且对现今的水文研究也有一定的史料价值。

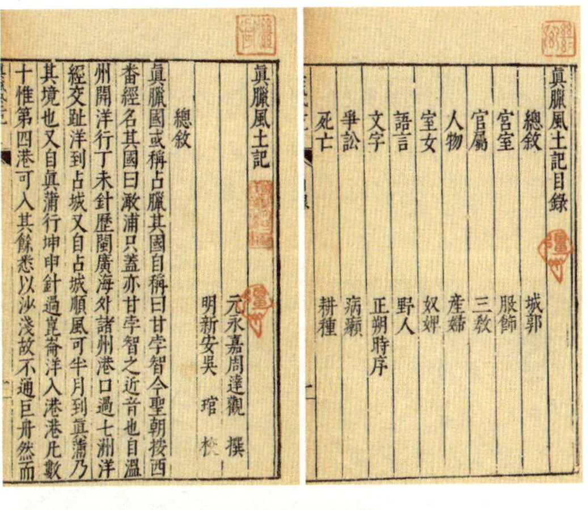

真臘風土記目錄
總敘 城郭
宮室 服飾
官屬 三教
人物 產婦
室女 奴婢
語言 野人
文字 正朔時序
爭訟 病癩
死亡 耕種

真臘風土記
元永嘉周達觀 撰
明新安吳 琯 校
總敘
真臘國或稱占臘其國自稱曰甘孛智今聖朝按西番經名其國曰澉浦只蓋亦甘孛智之近音也自溫州開洋行丁未針歷閩廣海外諸州港口過七洲洋經交趾洋到占城又自占城順風可半月到真蒲乃其境也又自真蒲行坤申針過崑崙洋入港港凡數十惟第四港可入其餘悉以沙淺故不通巨舟然而

刻本《真腊风土记》书影·明

19世纪初期，法国人开始侵入中南半岛，此书始为西方汉学家们所注意，并先后有法文、日文、英文、柬埔寨文和德文翻译本。

除了地理方面，《真腊风土记》还记载了当时柬埔寨历史、人民生活、风俗习惯、社会制度等。周达观在书里描写道，吴哥城周围有二十里，城中有金塔一座，旁边有石塔二十余座，石屋一百多间，东边有金桥一座，桥的左右有金狮子两个。在石屋的下面有八尊金佛，金塔的北面有一座铜塔，它比金塔更高，塔下也有石屋数十间。铜塔的北面是王宫，王宫里也有一座金塔。读过《真腊风土记》的中国商人因此给当时的柬埔寨取了个“富贵真腊”的名字。

从《真腊风土记》里，可以看到当时中国商人和华侨活动的情况。柬埔寨很早就有中国侨民，元朝的时候，中国去的侨民更多，他们之中有不少是水手，因为柬埔寨气候温暖，粮食丰富，住房容易建造，做

生意也容易赚钱，所以就世世代代留居下来。柬埔寨人把来自中国的手工艺品和生活用品称为“唐货”，像金银器、铜器、丝绸、真州锡器、温州漆盘、泉州青瓷、纸张、檀香、麝香、麻布、雨伞、铁锅、木梳、针、明州席子、桐油，等等，都是柬埔寨人最喜爱的商品。

汪大渊和《岛夷志略》

汪大渊，字焕章，江西南昌人，约生于至大三年（1311）。至顺元年（1330）冬，汪大渊从泉州港出发，开始第一次海上航行，历时四年，到元统二年（1334）夏秋间返国，航行范围以印度洋区域为主；元顺帝至元三年（1337）冬，他再一次由泉州出发，进行第二次海上航

《蒙古山水地图》（局部）·明内府

此卷绘制于明嘉靖三年至十八年之间（1524 ~ 1539），且现图只是原图的四分之三，另外的四分之一，有近 10 米长的部分已散佚。残留的 30.12 米，包括从嘉峪关到天方（今沙特阿拉伯的麦加）211 个明代地域名。

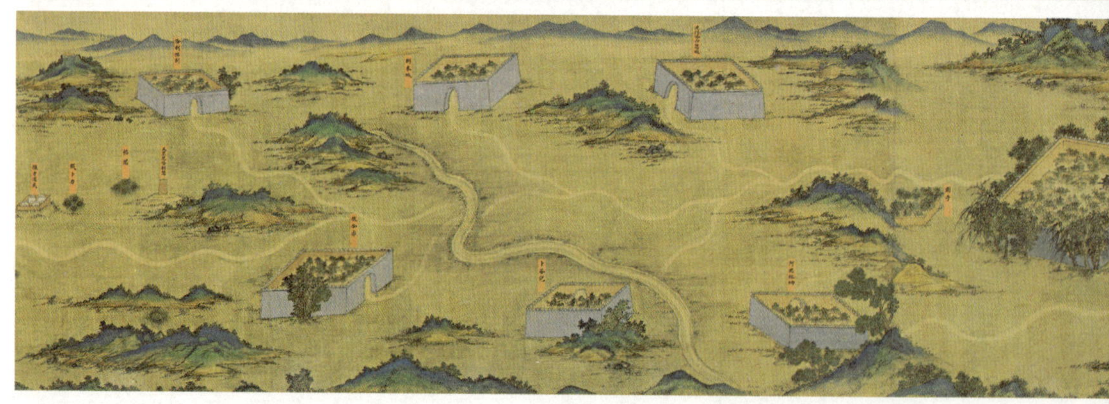

行，历时二年，在至元五年（1339）夏秋间返国，航行区域主要是南洋诸地。元顺帝至正九年（1349），他根据这两次旅行写成了《岛夷志略》一书。

《岛夷志略》择重要地方立以条目。全书共100条，除最后一条“异闻类聚”系得之于传闻或其他书籍外，其余99条，“皆亲所游历，耳目所亲见”的地方，材料翔实。书中分条记述各地山川、习俗、景观、物产、贸易、趣闻等项，所载外国地名达200多个。《岛夷志略》中还最早使用“东洋”和“西洋”两个地域概念。《岛夷志略》不仅为以后的航海和对外贸易提供了丰富的经验，也是研究元代的海外贸易、中外关系及这一时期亚、非地区历史的珍贵资料。

60多年以后，明朝郑和七次下西洋，航行路线与汪大渊的路线大体相同。汪大渊的两次出海航行，游历南洋诸岛及印度洋沿岸各地，行程最远达东非海岸，游历之广远，是他之前留有姓名的中国航海家所无可匹敌的。

时间：1295 ~ 1323

奸相铁木迭儿

武宗海山坐上皇位不到4年，就撒手西去，年仅31岁。按照原先的约定，至大四年（1311）三月，其弟爱育黎拔力八达在大都即皇帝位，是为仁宗。仁宗上台后尊孔崇儒，力行汉法。他曾对大臣说：“我重用儒者，是因为他们能坚定地维护三纲五常。”他实行科举选士，重用汉人，但在与奸臣铁木迭儿的斗争中，却始终不占优势。

罢官下台

铁木迭儿侍奉了四位皇帝，平时作恶多端，却一直官运亨通，原因就在于他的后台是皇太后答己。武宗时期，在云南做地方官的铁木迭儿因玩忽职守受到处分，但被答己保了下来。武宗死后，答己趁仁宗尚未执政，就下旨召铁木迭儿为中书右丞相。仁宗天性慈孝，在母亲面前总是十分软弱，只得承认这一事实。

金蜻蜓头饰·元

横7.7厘米，蜻蜓的头胸腹均经横压、捶打，卷成筒状造型，立体感强，制作手法细腻，形象真实，腹下留出两条针柄，别插方便。

铁木迭儿居相位两年就因罪罢官，但他通过皇太后的关系，不久又官复原职。复相后的铁木迭儿更加肆无忌惮，受贿卖官，强占民田，无所不为。一人得道，鸡犬升天，他的儿子班丹等先后当上了大官，朝中大臣大都惧他们三分。

当时，有个富人张弼因犯杀人罪被关入牢中，向铁木迭儿送了5万贯钱。铁木迭儿派家人通知有关官员，要他们放人。事情被揭发出来后，中书平章萧拜住、中丞杨朵儿只、上都留守贺胜联合御史台40余名官员，联名弹劾铁木迭儿，所列罪状，有根有据。他们揭发铁木迭儿欺下瞒上，乱政害民，要求将他处死，以解民愤。

仁宗在未登基前就看不惯铁木迭儿的所作所为，早就想除掉他，但

又不敢得罪母后，就提拔御史中丞萧拜住为中书右丞，以牵制削弱铁木迭儿的势力。当这回看到众大臣的奏折后，怒不可遏，下诏逮捕铁木迭儿。铁木迭儿见势不妙，逃到太后的宫中躲了起来。投鼠忌器，仁宗对他这一招毫无办法，郁闷不已。可是自己不能惹母亲生气，只得把铁木迭儿罢相了事。

上台续恶

铁木迭儿被罢相不到一年，又东山再起，当上了太子太师。朝廷内外，一片哗然。朝廷大臣十分气愤，参政赵世延当时兼任御史中丞，率领诸多御史弹劾他违法的事几十条，另有许多御史上疏认为他不能辅佐太子。但太后多方庇护，仁宗还是对这个头号奸臣无可奈何。

石雕神鸟 · 元

延祐七年（1320）正月，仁宗去世。三月，仁宗之子硕德八剌即位，是为英宗。仁宗死后的第四天，英宗尚未正式即位，皇太后一道懿旨，铁木迭儿又当上了中书右丞相。铁木迭儿大权在手，便开始大肆迫害曾经上书弹劾过他的诸位大臣。

青玉龙头 · 元

青玉龙头高 6.9 厘米，宽 5.1 厘米，长 24.3 厘米，青玉制成，雕刻细腻，反映了元代玉雕工艺的水平和成就。现藏于美国亚洲艺术博物馆。

《人马图》·元·赵雍

赵雍，字仲穆，元代书画家赵孟頫的次子，擅长山水、人物鞍马画。这幅《人马图》描绘了元代西域长髯奚官双手牵着一匹白马，画面生动，人物栩栩如生。

铁木迭儿假传太后旨意，将曾经弹劾过他的萧拜住、杨朵儿只抓来审问，罪名是他们过去曾经违背太后的旨意。杨朵儿只问道：“以我们的职权，杀你不难。如果我们真的不从太后的旨意，你还能活到今天吗？”铁木迭儿见硬扣的罪名难以成立，就又找来两个朝臣，让他们证明杨朵儿只有罪。杨朵儿只对两人说：“你们两位也是御史，不应干下流的勾当。”两人无言，低头不语。铁木迭儿抓不住把柄，借太后的旨意，硬是将萧拜住和杨朵儿只当众斩首。不久，铁木迭儿又找了个借口，杀了曾经弹劾过他的贺胜，罪名是“便服迎诏”大不敬。贺胜死时，百姓围在尸体边上痛哭，焚烧纸钱为他送行。对于弹劾过他的赵世延，铁木迭儿派人将他逮到大都，严刑拷打。英宗知道后两次赦免赵世延，但铁木迭儿还是将赵关进死牢，逼他自杀。赵世延在大牢里待了两年，在大臣的呼吁下，终于获释。铁木迭儿听说赵世延出狱，说：“这是朝臣欺骗皇上干的事。”英宗知道后说：“这是我的旨意。”赵世延这才得以虎口逃生。

·人物·
海山

52

时间：1323

南坡之变

元成宗做了13年的皇帝。他所立的皇太子比他先死，他的侄子爱育黎拔力八达最有可能继承皇位，但是爱育黎拔力八达自己却没有做皇帝，而是将皇位让给了他的哥哥海山，海山就是元武宗。

英宗即位

爱育黎拔力八达与他的哥哥元武宗海山约定：等海山“百年之后”，他自己将继位；而叔叔死了则由侄子继位。海山做了不到4年皇帝就死了，皇位就由爱育黎拔力八达继承，即元仁宗。武宗和仁宗的母亲答己（兴圣太后）是一个控制欲很强的女人。她信仰喇嘛教，有着浓厚的游牧贵族的思想意识，其亲信有铁木迭儿、失烈门等。铁木迭儿倚仗皇太后的宠信，经常作奸犯科。仁宗即位后，想要惩处他，答己却从中加以阻挠，结果只免去了铁木迭儿的右丞相一职了事。但是没过多久，铁木迭儿又被封为太子太师。

元仁宗在位9年，算得上是忽必烈以后元朝少见的贤君。爱育黎拔力八达是个孝顺的儿子，为了不惹母亲答己生气，做事的手脚始终有所束缚。仁宗又是继忽必烈之后比较积极推行“汉法”的元朝皇帝，而这也“触犯”答己和铁木迭儿等人的利益，答己和铁木迭儿都对他有所不满。

按照仁宗与其哥哥武宗当初的约定，仁宗应传位武宗的儿子和世瑓，但是答己等人认为仁宗13岁的儿子硕德八剌年纪更轻，性格懦弱，容易控制，就策划拥立硕德八剌为皇太子。开始仁宗还有些犹豫，经过铁木

银镜架·元

元代墓出土的银镜架。整体造型好似一把豪华的交椅，凡是横枨均出头，出头之处均作卷云雕饰。上部如靠背，中间高，两侧低，板面雕满花饰，下部为支架的腿，形如交椅腿。前面又有一块雕花板，极为精美。

迭儿一番花言巧语，最后也就同意了。和世㻋被封为周王，送到云南去镇守边陲。

令答己和铁木迭儿意想不到的是，硕德八剌比他的父亲接受汉族文化更深。他出生在洛阳附近的怀州王府，那一带是宋代大儒程颢、程颐的故乡，他从小过的是士大夫式的生活，熟读儒家经籍。被立为皇太子之后，一批汉族知识分子又对他施加了很深的影响，他比他的父亲更想用汉族封建制度把国家治理好。

仁宗于延祐七年（1320）去世，17岁的硕德八剌继承皇位，是为英宗。在仁宗死后第4天，硕德八剌还没正式登基，答己就迫不及待地将铁木迭儿复职，重新当上右丞相。铁木迭儿对仁宗的亲信大臣大肆进行清洗，撤职、处死了许多人。待硕德八剌于三月初十即位的时候，铁木迭儿已经大权在握。硕德八剌年纪虽轻，却实在咽不下这口气。

惩治铁氏家族

两个月后，英宗就将铁木迭儿一党的左丞相合散免职，改任木华黎的曾孙拜住。铁木迭儿与合散以及失烈门等人说动兴圣太后阴谋发动政变，废掉英宗，改立英宗的弟弟安王兀鲁不花为帝。但是谋事不密，被英宗提前知道。英宗先发制人，率宫中卫士将合散与失烈门等人一齐捕杀，安王兀鲁不花也于不久被杀。铁木迭儿由于兴圣太后做后台，没有被治罪。但他自己也明白自己的罪状，于是称病躲在家中，不敢再过问政事。至治元年（1321），铁木迭儿趁着拜住离京的机会想入宫朝见英宗。英宗叫人告诉他说：“你年纪老了，应该保重，不必朝见，明年元旦再来吧。”铁木迭儿怏怏而退，到第二年元旦再也没敢去朝见英宗，不久就病死家中。同年十月，兴圣太后也亡故了。

铁木迭儿、兴圣太后死后，英宗在拜住的协助下，放手推行“新政”：起用汉族知识分子，淘汰旧官僚；实行“助役法”，从地主那里收取助役费，用来补贴农民；制定和颁布《大元通制》，使法制逐步完善。

至治三年（1323）五月，英宗下诏废除铁木迭儿的封爵；七月，将铁木迭儿的长子宣政院使班丹处死，另一个儿子锁南被撤职，他们的家产被没收。

铁失行刺

掌管禁卫军的御史大夫铁失是铁木迭儿的义子，铁木迭儿死后他成了这派的头目。英宗没有斩草除根，将锁南和铁失留了下来，最终为自己引来杀身之祸。

至治三年（1323）夏天，硕德八剌去上都避暑，铁失等人决定在他回大都的途中行刺，因为沿途护卫的军队，都是由他直接控制的阿速卫兵。同时铁失已经派了同伙斡罗思赶到北方去，想说服晋王也孙铁木儿来做皇帝。晋王也孙铁木儿是元世祖忽必烈的皇太子真金的长孙，驻守在蒙古的发祥地。当斡罗思来劝说的时候，晋王不但不肯，还将斡罗思绑了送去上都给英宗。但是押送斡罗思到上都的人到上都的时候，英宗已经离开上都，在回大都的路上。

这年八月五日，英宗离开上都向大都进发，在上都以南30里的南坡店过夜。这天夜里，铁失派阿速卫兵值夜，自己和锁南等16人，拿着凶器，闯进拜住和英宗的大帐，杀死英宗，拜住也同时被杀。铁失等一伙刺杀了英宗和拜住之后，拥立晋王也孙铁木儿为帝，这就是泰定帝。泰定帝即位一个多月后，将铁失一伙全部处死。

金飞天饰件·元

飞天迎风翱翔，头戴宝冠，面目清秀，双手前伸作献物供养状，屈右腿，帐帛裙带飘曳，身下祥云为柄，结构巧妙。

·人物·
泰定帝

53

时间：1323 ~ 1329

两都之争

铁失一伙刺杀了英宗硕德八剌以后，带着皇帝的玺绶来到晋王也孙铁木儿处，请他继承皇位。也孙铁木儿顺水推舟，于至治三年九月初四即位，他就是泰定帝。

倒剌沙专权

至治三年（1323）十月十一日，泰定帝也孙铁木儿出其不意地将铁失及其同党一齐捕杀。

泰定帝标榜自己将遵照忽必烈的办法行事，又保留了英宗改革的一些成果。他崇信佛教，一再受戒，并且让皇后与儿子也受戒，朝廷里的事，他交给他的亲信回族人倒剌沙去处理。

倒剌沙在泰定帝即位前即跟随其左右，泰定帝即位以后，任命他为中书左丞相。倒剌沙大权独揽，纠合辽王脱脱、梁王王禅等打击异己，培植亲信，引起许多蒙古贵族的不满。怀王图帖睦尔是武宗海山的次子，本来住在建康（今江苏南京）。致和元年（1328），怀王的卫士也先向倒剌沙捏告，说怀王有夺帝位的野心，不可不防。于是倒剌沙要泰定帝下命令让怀王迁到江陵（今属湖北）。这年七月，泰定帝病逝，时年36岁。

天历之变

泰定帝生前为了预防身后皇位继承之争，在即位几个月后便立了自己5岁的儿子阿速吉八为太子。泰定帝死后，阿速吉八并没能迅速即位。留守在大都的燕铁木儿就乘机发难，但是燕铁木儿的意图却不是将阿速吉八立为皇帝，而是武宗海山的次子图帖睦尔。

燕铁木儿是武宗的旧臣，武宗在位时，担任过武宗的警卫，被提拔为禁军的首领。泰定帝在位的时候，他当佥枢密院事（枢密院是元朝最

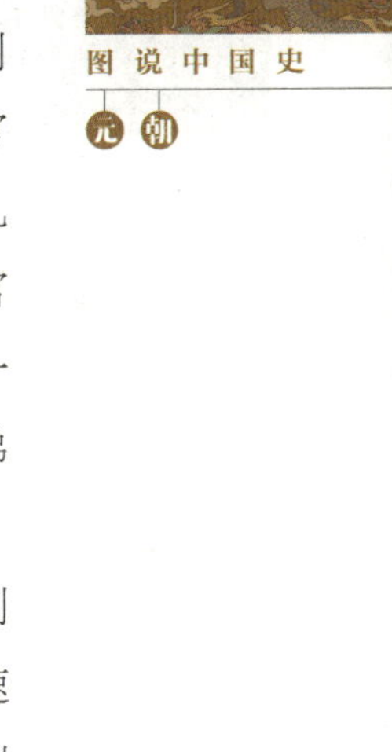

高军事机构，佥枢密院事是高级官员，地位仅次于正副枢密院长官），留守京城，掌管枢密院的大印。燕铁木儿在泰定帝死后，与西安王阿剌忒纳失里密谋迎接怀王图帖睦尔为帝。西安王阿剌忒纳失里召集百官议事，他们趁着这个机会发动政变，将异己或诛杀，或逮捕。燕铁木儿便和西安王一起控制了朝廷，派心腹掌管枢密院；命令士兵重重把守宫门，不让消息走漏；派心腹立即去江陵迎接怀王来京城，让武宗的另一个旧臣、河南行省平章政事伯颜在途中接应；又暗中通知正在上都的弟弟撒敦、儿子唐其势，立刻赶回大都。

上都的倒剌沙得知燕铁木儿等人发动政变的消息后，决定先发制人，将燕铁木儿在上都的心腹全部捕杀，接着，让年仅9岁的皇太子阿速吉八登上皇位。又派遣大将失着率军队进攻大都，可是这支军队还没到达古北口，就被燕铁木儿的军队击败。

图帖睦尔到达大都后，燕铁木儿和西安王把图帖睦尔立为皇帝，改年号为天历。图帖睦尔就是文宗。但是图帖睦尔在即位前和诸臣明确说了要接来逃难到察合台汗国的哥哥和世㻋，让位于他。

图帖睦尔虽然已经在大都即位，上都方面却不肯就此罢休。不久，上都方面的军队从榆林（今属陕西）方向攻来，被撒敦击败；接着，双方又在榆河、昌平、古北口、密云这一带展开了激战，上都方面死伤惨重，全面败退。大都军队将上都包围得水泄不通，梁王王禅见大事不妙，趁夜色爬城墙逃走了。倒剌沙见局势无法控制，便放弃抵抗，打开城门，捧着玉玺投降。

缂丝元明宗元文宗大威德金刚曼荼罗·元

文宗图帖睦尔为了实践自己禅让的诚意，派使臣到察合台汗国，请哥哥周王和世㻋登基做皇帝。和世㻋于第二年（1329）正月，在和林即位，是为明宗。这明宗做了仅仅一个月的皇帝，即暴卒于卧床之上。此时，身为“皇太子”的图帖睦尔又重新登上了帝位。这一事件史称“天历之变”。

·人物·
脱脱

54

时间：1340 ～ 1344

脱脱更化

泰定帝死后，权臣燕铁木儿和诸王迎立图帖睦尔即位。图帖睦尔因为他的哥哥和世㻋是长子，于是派人迎立和世㻋即位，和世㻋即位于和林，即为明宗。明宗立图帖睦尔为皇太子，但明宗在前往大都的路上死去，做了不到一个月的皇帝，当时人们怀疑是图帖睦尔害死他的。

皇位更迭，权臣当道

明宗死后，图帖睦尔即位，即为文宗。文宗做了5年皇帝，于至顺三年（1332）病死。图帖睦尔似乎是内疚当初害死了他的哥哥明宗，在病危的时候，立下诏书，传位给明宗的儿子。明宗有两个儿子：长子13岁的妥懽帖睦尔，明宗生前曾说过不是他生的；次子懿璘质班，当时只有7岁。文宗死后，燕铁木儿主张立懿璘质班做皇帝，主要原因是因为他年幼好控制。小皇帝即位，即宁宗。但是宁宗只做了43天皇帝，就病死了。燕铁木儿又提出立文宗的儿子燕帖古思为皇帝。可文宗皇后为了秉承其夫的遗愿，没有同意，主张让妥懽帖睦尔即位。文宗初年时，妥懽帖睦尔的母亲被害死，他自己也被流放到高丽（今朝鲜半岛）的一个海岛中，后来又迁到静江（今广西桂林）。于是，燕铁木儿派人把妥懽帖睦尔从静江接到京城。不久，燕铁木儿病死。

青瓷贯耳瓶·元

全器施灰青釉，釉面布浅褐色开片，口缘、耳缘釉薄处透黑紫胎色。造型仿自青铜器，小圆口，直长颈，两侧各接一管状耳，耳上缘与器口齐平。扁圆腹，平底，浅圈足。采垫烧法烧制，内外施青釉，釉质润泽，颜色青中泛白微带灰，口及双耳上缘釉薄处现出灰色边，器面开棕色纹片，足端无釉涂赭汁，局部磕伤处露出灰黑色器胎。现藏于中国台北故宫博物院。

至顺四年（1333）六月，元顺帝妥懽帖睦尔即位。这时，燕铁木儿虽死，但其家族的势力仍十分强大。顺帝表面上尊重燕铁木儿家族，暗中在扶植伯颜的势力。同月，顺帝任命伯颜为中书右丞相，而且还加封为太师、秦王。以燕铁木儿之弟撒敦为中书左丞相，位在伯颜之下。至元元年（1335），燕铁木儿家族人不甘心居于伯颜之下，密谋政变。伯颜事先得到告密，于是做好准备，擒获并处死密谋者，抄没其家产，彻底摧垮燕铁木儿家族。随之，伯颜及其家族的势力迅速上升。

伯颜有狭隘的蒙古贵族独尊的意识，对汉人、南人充满鄙视和猜忌。在他专权的时代，下令停止科举考试。不过他有一个侄子脱脱，后来却成了当朝贤相，也是有元一代的名臣。

大义灭亲，伯颜失势

脱脱生长于伯父伯颜的家里，幼年从浙江名儒吴直方读书。15岁时，脱脱做泰定帝皇太子阿速吉八的侍卫官，后来又担任了亲军都指挥使。至元四年（1338），他当上了御史台（最高监察机构）的御史大

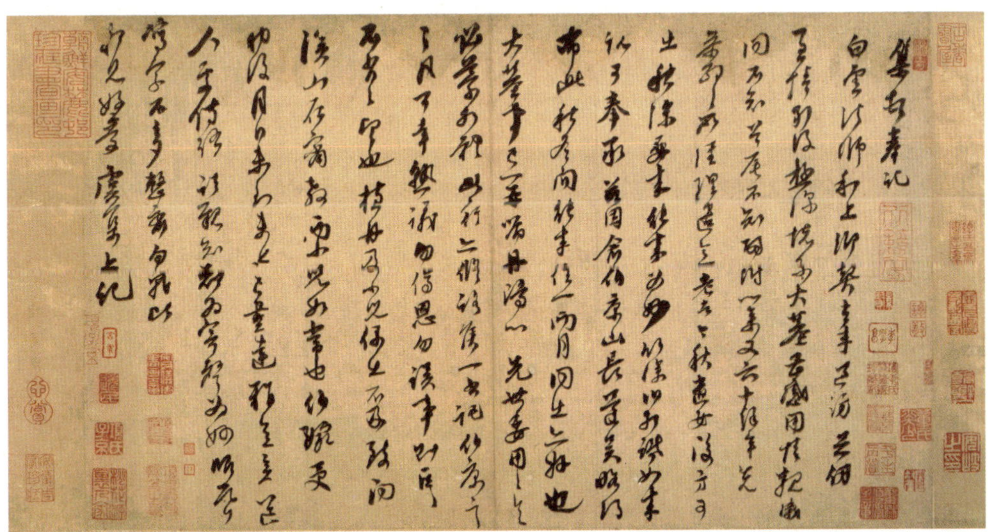

《致白云法师帖》·元·虞集

虞集，字伯生，号道园，人称邵庵先生。祖籍仁寿（今属四川）。虞集自幼学习程朱理学，深受儒家正统观念的影响，但又不拘成法，思想比较开通。元成宗大德元年（1297），虞集至大都，他被荐授大都路儒学教授。仁宗时，为集贤修撰。泰定帝时，升任翰林直学士兼国子祭酒。因虞集曾草诏说顺帝非明宗子，所以顺帝即位后，他就谢病回乡。卒谥文靖。

夫。骄横的伯颜没有想到他的侄子脱脱会有一天“大义灭亲”将自己赶下台。

伯颜在朝中几乎独秉国政，所以，伯颜与顺帝的矛盾日益尖锐。伯颜还派侄子脱脱出入内廷，监视顺帝。多年来，顺帝在伯颜威势面前敢怒不敢言，自己随时有被伯颜废掉的危险（伯颜确有废妥懽贴睦尔而立文宗的儿子燕帖古思的想法）。脱脱与他的老师吴直方商议后，决定将他的“大义灭亲”的计划告知顺帝，顺帝欢喜万分。

剔红花卉绶带图盘 · 元

雕漆就是在器胎的表面涂上漆，并且趁其未干之际，下笔雕刻花纹，最后烘干、打磨。根据所涂漆的颜色不同，雕漆可分为剔红、剔黄和剔彩（将各种颜色的漆混合再涂上去）几种。

至元六年（1340）年初，伯颜亲自率领兵卫，邀请顺帝外出打猎。顺帝进退两难，脱脱要顺帝让皇太子代行。谁知他刚走出京城，脱脱就把京城里伯颜的亲信全部抓了起来，连夜派人把皇太子接回京城，用顺帝的名义下诏书，宣布伯颜的罪状，降他为河南行省的长官。当伯颜接到诏书赶回京城来责问的时候，京城城门紧闭，脱脱在城楼上把他奚落了一番。伯颜狼狈南下，途中又接到命令，改为发配到南恩州阳春县（今属广东），走到江西病死。

延伸阅读

学者揭傒斯

揭傒斯（1274 ~ 1344），字曼硕，号贞文，江西丰城杜市乡大屋场村人，元代著名文学家、史学家。5岁从父就读，刻苦用功，昼夜不懈，十二三岁博览经史百家，至十五六岁时已是文采出众，尤其擅长诗词、书法。元延祐元年（1314），揭傒斯由布衣授为翰林国史院编修。延祐三年（1316），升应奉翰林文字同知制诰。延祐四年（1317），迁升为国子助教。不久，又提升为侍讲学士，主修国史，管理经筵事务，为皇帝拟写制表。揭傒斯诗文造诣较深，与虞集、柳贯、黄溍号为“儒林四杰”，与虞集、杨载、范梈并称“元诗四大家”。《千顷堂书目》载有《揭文安公集》50卷，明初已缺13卷。尚存古代全集本有三种：《四库全书》本（14卷）、《四部丛刊》本（14卷，又补遗诗1卷）、《豫章丛书》本（18卷）。揭傒斯有两子一女，长子揭被，次子揭广阳，女揭杨湘。揭傒斯死后葬于富州富城乡富陂之原（秀市乡水洲村对面山坡上），追封为豫章郡公，谥号文安。

脱脱更化，名留青史

伯颜死后，脱脱的父亲马札儿台出任中书省右丞相，脱脱任知枢密院事。不到半年，脱脱代替了他父亲的职位。至正元年（1341），元顺帝妥懽帖睦尔起用脱脱当政，改元至正，宣布“更化”，历史上称为“脱脱更化”。脱脱的改革的主要措施有：第一，恢复伯颜废黜的科举制。第二，置宣文阁，恢复太庙四时祭祀。第三，平反昭雪一批冤狱。第四，开马禁、为农民减负，放宽政策。脱脱上台以后，下令免除百姓拖欠的各种税收，放宽了对汉人、南人的政策。此前民间禁止养马，脱脱上台废除了这一禁令。第五，主持编修宋、辽、金三史。中国历来有修前朝历史的传统。元朝建立以后，宋、辽、金三个朝代的历史，一直没有正式编写过。至正三年（1343）三月，元顺帝诏修辽、金、宋三史，脱脱担任总裁官。脱脱组织了汉族史学家欧阳玄、揭傒斯等人，畏兀儿族人廉惠山海牙、沙剌班，党项人余阙，蒙古人泰不花等人一起参加修史，开创了各族史家合作修史的先例。后来，这三部史书被列入中国正史二十四史，而二十四史中，只有《宋史》《辽史》《金史》三部是少数民族宰相当主编的。

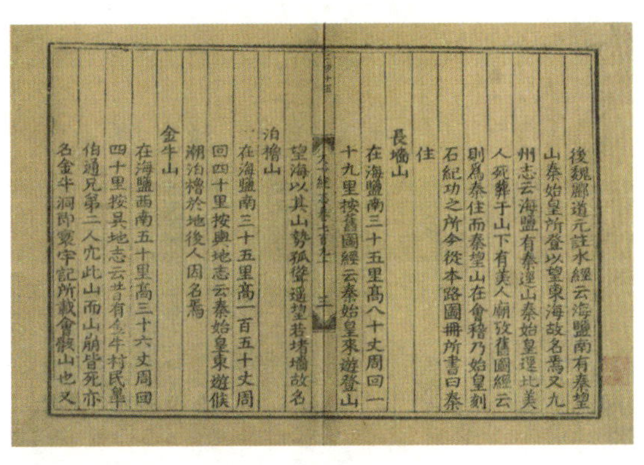

後魏酈道元註水經云海鹽南有秦望
山秦始皇所登以望東海故名焉又九
州志云海鹽有秦望山秦始皇埋北美
人死葬于山下有美人廟攷舊圖經云
馴爲秦住而秦望山在會稽乃始皇刻
石紀功之所今從本路圖冊所書曰秦
住

長墻山

在海鹽南三十五里高八十丈周回一
十九里按舊圖經云秦始皇來遊登山
望海以其山勢孤聳遥望若堵墻故名

泊檜山

在海鹽南三十五里高一百五十丈周
回四十里按輿地志云秦始皇東遊供
潮泊檜於地後人因名焉

金牛山

在海鹽西南五十里高三十六丈周回
四十里按吳地志云昔有金牛村氏皐
伯通兄弟二人宂此山而山崩皆死亦
名金牛洞即寰宇記所載會稽山也又

刊本《大元大一统志》书影·元

脱脱在四年多时间的改革中，使元朝末年的昏暗政治一度转为清明，取得了不少成绩。至正四年（1344），脱脱因病辞位。五年后，即至正九年，脱脱再被起用。此时，灾荒频仍，国库吃紧。为解救危机，脱脱更改钞法，印行至正交钞，并整治黄河。至正十二年（1352），率兵击败徐州红巾军。十四年（1354），被朝中政敌弹劾，流放云南。十五年（1355）被人毒害致死。

脱脱是元朝后期有作为的政治家。脱脱一死，元朝再无起色，直至灭亡。

·人物·
韩山童
刘福通

55

⏲时间：1351

挑动黄河天下反

元朝末年，有一首歌曲这样唱道："堂堂大元，奸佞专权。开河变钞祸根源，惹红巾万千。官法滥，刑法重，黎民怨。人吃人，钞买钞，何曾见。贼做官，官做贼，混愚贤。哀哉可怜！"是当时社会的真实写照。

贾鲁开河

脱脱上台后，变更伯颜的政策，恢复科举，招揽汉官，一度博得了"贤相"的名声。但此时元廷的财政面临崩溃，脱脱就被迫发行新的纸钞，聚敛财富，引起物价暴涨，"斗米斗珠"，民不聊生，纷纷起而造反。

除"变钞"之外，"开河"更是元末农民起义的导火索。从元顺帝至正四年（1344）开始，黄河连年泛滥，灾民遍野。至正十一年（1351）四月，脱脱派工部尚书贾鲁负责开挖和疏通河道。

杂剧演出壁画·元

贾鲁征发15万民工日夜劳作，监工们经常扣发口粮，而修河所用的物资，也就近摊派到遭受水灾的灾民头上。治理黄河，本来是一件利国利民的好事，反倒因此弄得天怒人怨。此时，民间宗教团体"白莲教"趁机组织河工起义，掀起了燎原烈火。

"白莲教"与红巾军

"白莲教"的基础是佛教净土宗的分支"弥勒宗"，又掺杂了明教的部分信仰，主张念佛修行，即可往生极乐净土，又宣扬世道混乱到极点后，将有“弥勒佛降生”“明王出世”，前来拯救万民。“白莲教”主要在江淮一带传播，信徒很多，主要的传教者，淮东有韩山童，淮西有彭和尚。

韩山童及其信徒刘福通、杜遵道等人筹划起义，他们首先散播流言，说明王即将出世，然后刻了一个石头人，只凿了一只眼睛，背上还刻字说：“莫道石人一只眼，此物一出天下反。”悄悄埋在黄河河道中。至正十一年（1351）五月，河工们在疏通河道时，果然挖出了此物，一时间人心惶惶，“白莲教”的信徒们纷纷前去寻找韩山童问计。

八思巴文铜印·元

八思巴文字是忽必烈命国师八思巴为蒙古汗国所创制的文字，并于至元六年（1269）颁诏推行全国。但遗憾的是，当时元朝各民族的语言是完全不同的，统一文字这个愿望很难实现。

韩山童等人看时机已经成熟，就聚集了3000余人在白鹿庄聚义，杀黑牛白马，祭告上天。韩山童自称是“宋徽宗八世孙，当为中国主”，而刘福通则冒充宋大将刘光世的后裔，众人共推韩山童为“明王”，约定头扎红巾为号，待时起义。

不想消息泄露，元朝派兵镇压，韩山童被捕身亡。刘福通、杜遵道冲出重围，正式举起反元的红旗，攻占颍州（今安徽阜阳）。他们发布文告，指出当时社会极端不公，他们要“虎贲三千，直抵幽燕之地；龙飞九五，重开大宋之天”。不久后，彭和尚也在淮西煽动徐寿辉、陈友谅等起义，各地白莲教徒纷纷响应。起义军头裹红巾，因名“红巾军”，义军转战南北，极大地打击了元朝的腐朽统治。

至正十一年（1351），徐寿辉建国称帝，国号“天完”，其意是想要盖倒“大元”。四年后，刘福通找到韩山童的儿子韩林儿，拥立其为“小明王”，国号为“宋”。元朝廷派兵镇压起义，屡屡失败。至正十二年（1352），丞相脱脱亲率大军南征，联合各地地主武装，首先攻克徐州，继续推进，在汉水流域又镇压了布王三和孟海马的义军。次年十一月，彭和尚战死在瑞州。红巾军起义遭受重大挫折。

·人物·
刘福通

56

时间：1357 ~ 1358

刘福通三路北伐

刘福通起兵之后，力量逐渐壮大，元政府几次征剿，均告失败。此时对刘福通构成最大威胁的是两支“勤王”的地主武装，其首领是分别为察罕帖木儿和李思齐。察罕帖木儿的祖上是畏兀儿人，元初定居在今河南沈丘；李思齐则是汉人，祖籍今河南罗山。他们各自组织了一支武装，专门袭击红巾军，刘福通被迫采取守势。

刘福通拥立小明王

面对纷繁复杂的局势，刘福通改变了策略，稳扎稳打，击败了察罕帖木儿和李思齐的袭剿。至正十五年（1355）二月，刘福通把在砀山（今属安徽）避难的韩山童的儿子韩林儿接到亳州（今属安徽），正式建立了政权，因为他们号召要恢复宋朝，所以政权的名称叫宋，年号龙凤，韩林儿被拥立为皇帝，又叫“小明王”。“小明王”是“明王出世”的意思，意为“光明已经来到人间”。这个政权以杜遵道、盛文郁为丞相，罗文素、刘福通为平章政事（副丞相），刘福通的弟弟刘六为知枢密院事（最高军事长官）。不久，由于杜遵道办事独断专行，与刘福通闹翻，刘福通杀了他，自己当了丞相，后来被加封为“太保”，所以刘福通又叫“刘太保”。

宋政权建立以后，元政府调集大军加紧镇压起义军。至正十五年（1355）六月，元河南行省平章答失八都鲁统帅诸王藩将兵马，全力进攻许州长葛。在刘福通的严密部署和阻击下，元军的进攻失败，答失八都鲁率残部退至中牟。红巾军乘胜追击，夺元军营寨、辎重，并且俘获答失八都鲁之子孛罗帖木儿。当红巾军庆祝胜利的时候，遭到元将刘哈剌不花的突袭，猝不及防，伤亡颇重，就连孛罗帖木儿也被夺走。此后，刘福通命令部将赵明达进攻嵩州、汝州、洛阳，从孟津渡口北渡黄河进攻怀庆路（今河南沁阳），黄河以北大为震动，官吏富商举室而

逃，人心大乱。为了阻止义军的进攻，安定人心，元廷不得不自豫南调察罕帖木儿来应战，红巾军寡不敌众，赵明达战败而走。十二月，答失八都鲁又率部进攻太康，继而进围亳州。情势十分危急。刘福通先将小明王移置安丰，重新组织力量，以求打退元军。次年三月，刘福通领兵与答失八都鲁军激战于太康、亳州之间，打败元军，解了亳州之围。

刘福通率军与敌人搏斗的同时，十分注意利用宋政权的名义，把各支农民起义军纳入宋政权的麾下，并且支持他们建立地方政权。先后投入宋政权麾下的有亳州的朱元璋部、淮安（今江苏淮安）的赵均用部、益都（今属山东）的毛贵部，等等。在一定程度上，这三支义军成了宋政权的军事核心。至正十六年（1356）二月，朱元璋率军攻占集庆（今江苏南京），七月，宋政权乘势建立了江南等处行中书省、江南等处行枢密院，任命朱元璋为行省平章；同年十月，赵均用攻取淮安，宋政权设淮安等处行中书省，任命赵均用为行省平章。此后，为了更有效地节制各路红巾军，宋政权开始在那些占领一地而又较为巩固的地区，继续设置行省机构。

红巾军北伐

至正十七年（1357）夏天，刘福通派出三路大军同时北伐，对大都形成包围，以中路为主力，进攻大都，试图一举推翻元朝。

西路军是最早出发的一支部队。先由李

青花象耳龙纹瓶（一对）·元

一高 63.5 厘米、口径 14 厘米、足径 16.6 厘米，一高 64 厘米、口径 14.2 厘米、足径 16.8 厘米，元景德镇窑。盘口、长颈、溜肩、腹瘦长、高圈足。肩部对称二象耳，腹、足间二道凸棱。这对瓷瓶，国内外学者把它定为“至正型”标准器，作为鉴别元代青花瓷的依据。该器造型规整端秀，亭亭玉立，纹饰丰富。绘画精妙，青花色质浓艳。釉白中泛青。莹润光泽。为元青花瓷器之佳作，有较高的科学和艺术价值。

剔红菱形盘·元

此盘长 21.8 厘米，宽 16 厘米，为四边形，每边四曲，四隅为尖角，呈菱花，底随器形有圈足，剔刻如意云首纹。

银錾八宝图盘·元

此盘上口径 15.6 厘米，是已知的首例描绘在汉地和西藏都很重要的八宝图案的器物。现藏于美国纽约大都会艺术博物馆。

武、崔德率领，后来又由白不信、大刀敖、李喜喜等率领，他们经过河南到达陕西，被察罕帖木儿打败，一部分进入宁夏境内。其后，李武、崔德因一直无战功，曾受到刘福通斥责，至正二十一年（1361）五月，他们向李思齐投降。

中路军由关先生、破头潘等人率领。他们越过太行山，进入山西。原来的计划是从山西配合东路军毛贵进攻大都，由于元军的堵截，只得转战攻克上都（今内蒙古正蓝旗东北），接着中路军又攻克金宁（今内蒙古翁牛特旗），进克辽阳，并以之为基地，进入高丽（今朝鲜），后关先生等在高丽战死，破头潘等退到辽阳（今属辽宁），战败被俘，中路军也归于失败。

三路北伐军中，只有毛贵率领的东路军战绩最辉煌，对元朝的威胁最大。毛贵夺了元朝的海船，从海路攻下胶州（今属山东），在短短几个月的时间里，占领了山东大部分地区。为了把山东经略成为北伐大都的基地，毛贵在政治、军事、经济上都采取了一系列的措施。刘福通任命他为益都行省平章，毛贵在行省之下建立地方政权，派农民军将领为官吏，又设立“宾兴院”，吸收元朝投降过来的官吏继续任职，这样把

地方治理得井井有条。

至正十八年（1358）二月，毛贵开始北伐。元朝立刻调动守卫济南的大将董抟霄、董昂霄兄弟，企图阻止毛贵的军队。董抟霄率军连夜北上，在南皮（今属河北）魏家庄刚刚驻扎下来，毛贵兵至，杀董抟霄。接着毛贵又连攻克青、沧（均今属河北）两州；三月，再攻克蓟州（今天津市蓟县），前锋抵达柳林（今北京市通州南），直逼大都。“京师人心大骇，在廷之臣，或劝乘舆北巡以避之，或劝迁都关陕，众议纷纷。”但毛贵孤军深入，元军四方来援，毛贵军败于刘哈剌不花，退回济南。

刘福通在发动三路北伐的同时，意图倚托益都、曹州两行省比较巩固的基地，展开对汴梁的攻击，使之成为名副其实的宋政权都城。至正十七年（1357）六月，刘福通首攻汴梁，不下。八月，取大名、卫辉（均今属河南）两路，形成对汴梁包围的态势。十月，元廷增派知枢密院事达理麻失里攻雷泽、濮州，被刘福通杀死，节制河南元军的答失八都鲁被迫退至石村。次年，刘福通再次进攻汴梁，元守将竹贞逃遁，刘福通迎来韩林儿，将汴梁改为宋都城。

由于三路北伐皆归失败，元军一步一步地缩小对汴梁的包围圈，刘福通只好孤军奋战，冲破敌人重围，保护韩林儿逃到安丰。

至正二十三年（1363）二月，投降元朝的原江浙起义军首领张士诚，趁安丰空虚的机会，派大将吕珍来攻。刘福通一面派人向朱元璋求救，一面坚持抵抗，不久被杀。朱元璋亲率大军击败吕珍和支援吕珍的原天完政权的庐州（今安徽合肥）守将左君弼，救出小明王韩林儿，把他安置于滁州。至正二十六年（1366）十二月，朱元璋命廖永忠迎韩林儿至应天（今南京），途经瓜洲时，廖永忠将他沉入水中溺死。

钧窑玫瑰紫釉长方花盆·元

花盆呈长方形，折沿，斜直壁，平底，四角有足。通体施天青色和玫瑰紫色釉。釉色典雅润泽，是一种备受皇室青睐的艺术品。

57

时间：1352 ~ 1356

朱元璋崛起江淮

元顺帝至正四年（1344），淮河流域发生了百年不遇的大旱，蝗灾和瘟疫接踵而来。濠州钟离（今安徽凤阳）人朱重八的父母、兄长在饥荒中先后去世，朱重八靠吃树皮草根度日，后在附近的皇觉寺剃度做了和尚。当皇觉寺也断了粮，朱重八只好到处流浪，靠化缘过日子。

朱元璋濠州投军

朱重八就是明朝的开国皇帝朱元璋。

至正十二年（1352）二月，郭子兴占领濠州，扯旗造反。闰三月，朱元璋成了郭子兴部下的红巾军士兵。由于他英勇善战，屡建战功，深受郭子兴的赏识，把他从亲兵提拔为小军官，还把义女马氏嫁给了他。这时候朱重八才有了正式的名字，名元璋，字国瑞。

至正十三年（1353）夏，朱元璋回到家乡招兵买马，少年时代的伙伴徐达、周德兴、吴良等纷纷前来投奔。这些人和后来投奔来的邓愈、常遇春、胡大海等，成了朱元璋手下的骨干力量。这时候，郭子兴把朱元璋提拔为镇抚。第二年，朱元璋的队伍扩大到两万多人。

青花釉里红镂雕花卉纹罐·元

与此同时，朱元璋还吸收了一批读书人，如冯国用、冯国胜兄弟。正是在他们的影响下，朱元璋才有了天下之志。当时，朱元璋虽然还是寄人篱下的小军官，但是他的目标已经瞄着金陵，准备另起炉灶，独打天下了。这引起了郭子兴的两个儿子的猜忌，曾设局欲毒死朱元璋，朱元璋识破谋局，成功逃脱。

至正十五年（1355）三月，郭子兴病死。这时候刘福通起义军已经在亳州建立了宋政权，拥韩林儿做皇帝，韩林儿任命郭子兴的儿子郭天叙为都元帅，郭子兴的妻弟张天祐为右副元帅，朱元璋为左副元帅。郭天叙年轻，没有经验，张天祐有勇无谋，优柔寡断，三人中只有朱元璋算是智勇双全，又有精

兵强将和谋士，朱元璋实际上成了这一地区“宋军”的实际统帅。

朱元璋规划江淮

随着力量的壮大，朱元璋决定从和州（今安徽和县）渡江攻打采石、太平（今安徽当涂），然后进逼集庆（今江苏南京）。他首先收编了巢湖水军，接着率军攻下了采石、太平。

朱元璋厉兵秣马，准备进攻集庆。这时，元朝军队分两路包围了太平：一路用大船封锁长江江面，截断朱元璋军队的退路；一路由地主武装陈埜先攻打太平，形势危急。朱元璋将府库中的金银分赏给有功的将士，以鼓舞士气，又派徐达率领一支兵马绕到陈埜先的背后发动突然袭击。陈埜先腹背受敌，被俘投降。

这一年七月起，宋军向集庆发起了三次进攻。第一次由张天祐带领陈埜先攻城，陈埜先新降不久，对朱元璋并未死心塌地，他叫部下装出打仗的样子，但并不卖力去打，结果张天祐大败。九月，郭天叙、张天祐带领陈埜先第二次攻打集庆，陈埜先暗中与集庆的元军守将福寿勾结，在请郭天叙、张天祐两人赴宴的时候，将两人绑送给了福寿。福寿随即处死了郭天叙、张天祐，并乘机反攻，宋军大败，损失了2万多人。陈埜先在追杀宋军时，被当地的地主武装误杀。郭、张两个元帅死后，郭子兴的部队全部由朱元璋统领。

宋军第三次攻打集庆是在至正十六年（1356）三月，此次由朱元璋指挥。朱元璋首先率军打败了陈埜先儿子陈兆先的军队，接着把集庆团团围住。福寿几次督军出战，试图突围，但都吃了败仗，被迫退回城中防御。朱元璋率军加紧攻城，集庆城最终被攻破，福寿死于乱军之中。

占领集庆以后，朱元璋贴出安民告示，安抚城内百姓，显示自己作为一个政治家的雄才大略。不久，宋政权在应天府设立江南等处行中书省，作为它的地方政权，任命朱元璋为平章。

朱元璋铸“大中通宝”·元

战争期间，朱元璋一方面协助韩林儿发行“龙凤通宝”；另一方面作为补充，他在应天府设置宝源局，开始铸造“大中通宝”，与其他货币一起参与流通。直到至正二十四（1364）年始大规模发行。

·人物·
王保保

58

时间：? ~ 1375

斯所谓好男子也

因为内部斗争而灭亡的王朝，在中国历史上数不胜数，由蒙古族建立、曾经强盛一时的元朝也是如此。扩廓帖木儿是元朝最后的名将，因为内斗，他无力制止元王朝灭亡。

功败垂成

元朝末年，朝廷最为倚重的将领主要是将门出身的孛罗帖木儿和地主出身的察罕帖木儿，两人各自拥兵数十万，军阀之间倾轧非常严重，经常发生武装冲突。至正二十二年（1362），察罕帖木儿被降将刺杀，其养子扩廓帖木儿代掌兵权。扩廓帖木儿是蒙古人，汉名王保保，年轻气盛，孛罗帖木儿对他相当轻视，两人的对抗不断升级——就在这种形势下，至正二十四年（1364），大规模内战爆发了。

元顺帝与其太子爱猷识理达腊素来不和，各结外援，顺帝倾向孛罗帖木儿，太子则竭力拉拢王保保。至正二十四年（1364）七月，孛罗帖木儿攻入大都，对太子党大开杀戒。太子微服逃往王保保军中，次年三月，在太原正式下达讨伐孛罗帖木儿的命令。

孛罗帖木儿为人粗暴强横，进入大都以后，专擅朝纲，顺帝也逐渐对他看不顺眼。正好王保保大军东进，孛罗帖木儿节节败退，顺帝看情势不妙，就派人将孛罗帖木儿刺死，召太子还朝。

顺帝的皇后奇氏想要和儿子里应外合，趁机逼顺帝禅位，就密令王保保亲率大军，护卫太子进入大都。王保保不赞成这种做法，离城三十里就命令主力部队各返防区，自己只带很少的兵马，于至正二十五年（1365）九月进入大都。他随即被任命为太尉、中书左丞相，主持朝政。

玉绳纹象耳尊·元

然而王保保在大都待了还不到两个月就坐不住了。一方

面，因为他不肯拥立太子登基，遭到皇后和太子的嫉恨；另一方面，大都的蒙古权贵全都看不起他。于是他只得请命南征。闰十月，顺帝任命太子为兵马大元帅，坐镇大都，王保保为河南王、兵马副元帅，代太子亲征江淮地区，镇压反元起义。

王保保虽然兵强马壮，又有元帅头衔，但其阵营并非铁板一块，关中诸将首先拒命，不肯听从指挥。关中诸将以李思齐为首，他曾跟随察罕帖木儿起兵，视王保保如同子侄一般，现在侄子爬到叔父头上去了，他又怎肯低头？

事权不能统一，就谈不上南征，王保保被迫进兵讨伐李思齐等关中诸将，杀得难解难分。顺帝和太子想报前仇，暗中策反了王保保麾下大将关保、貊高、李景昌等，并于至正二十七年（1367）八月正式下诏，剥夺王保保一切官职，号召各军对他包围讨伐。王保保被迫退至太原，关保、貊高合兵紧追。关、貊联军在太原城下列阵，王保保兵少，但他毫无惧色，对诸将说："貊高为人不够谨慎，经常以身犯险，匹夫而已。"派妻舅毛翼领兵秘密出城，寻机偷袭貊高军阵。

两军交锋前，貊高只带着数十名骑兵巡查阵列。毛翼探到消息，就变更旗号，伪装成貊高的部队，悄悄布列在其阵势尾部。貊高连自己部队的数量都记不清楚，真的走到毛翼面前来了。毛翼一声令下，众军踊跃上前，当场活捉了貊高。主帅被擒，貊高军立刻崩溃。毛翼又绑着貊高来到关保阵前，关保的士兵也都是王保保的旧部，看到情况不妙，四散奔逃，王保保率军追杀，又捉住了关保。工保保砍下关、貊二人的脑袋，故意送去大都。顺帝慌了神，下诏恢复王保保一切职位。李思齐也急忙写信给王保保，表示愿意接受他的指挥

然而此时，天下大势已经发生了根本的变化。至正二十七年（1367）十月，朱元璋派遣大军北伐，次年正月，朱元璋在应天府（今江苏南京）称帝，建立明朝。明军先取河南，进而经山东直插元朝的统治中心大都。八月，大都被攻克，元朝灭亡，王保保也被迫逃往漠北。

后来朱元璋问众臣："我朝谁为好男子？"众臣有说徐达的，有说常遇春的，朱元璋都笑笑摇头，最后他说："未若王保保，斯所谓好男子也。"但就是这样的好男子，也终因内部倾轧而功败垂成。

元代青花瓷

青花穿花凤纹执壶·元

元代景德镇的湖田窑烧制出的青花瓷器，胎质细密洁白，颜料有进口和国产两种青料，烧成的颜色深浅不一。元代中、晚期青花瓷器，大致可分为两大类。一类多为小件器物，胎壁轻薄，不甚精细，多为青白、乳白半透明或影青釉；青花的颜色灰暗迷蒙，纹饰稀疏但奔放洒脱；常见器物有高足杯、碗、盘、香炉、小罐、蒜头瓶、玉壶春瓶等，多为日常生活用品。另外一类青花瓷器，以大件器物为多，其共同特点是大器者胎体厚重，小件轻薄，色白致密，透明釉白中闪青，青花颜色浓艳鲜亮，色浓处有黑褐色斑点。该类器件画工精良，纹饰层次多，有的甚至多达十来层，画得很满，但繁而不乱，经常是在缠枝菊、蕉叶、缠枝莲、缠枝牡丹之间夹杂云凤、云龙、杂宝、海水江牙等，将毫不相干的纹饰组合在一件器物上。

青花鱼藻凸花牡丹大盘·元

此盘菱花口板沿，兜腹圈足，口沿、内壁青花地留白，凸起缠枝花卉，盘心青花绘鱼藻纹。如此硕大的盘子，适应阿拉伯人的生活习惯，应为元代景德镇窑专为西亚烧制的外销瓷器。

青花花卉缠枝牡丹纹大梅瓶（连盖）·元

高 47.3 厘米，瓶小口，宽唇平折，短颈，丰肩，肩以下渐收，近底足部稍外撇。口上附盖，盖顶饰宝珠纽。瓶外通体以青花装饰，主体装饰为缠枝牡丹纹，外衬卷草、仰莲、覆莲、扁菊花、弦纹及云纹等辅助纹饰。全器纹饰多达九层，层次分明，主题突出。

青花葡萄锦鸡纹盘·元

盘敞口，折沿，弧腹，平底，圈足。通体青花装饰，盘心绘葡萄、竹石、花蝶和一对锦鸡，锦鸡做起舞状。盘壁绘缠枝莲纹一周，上下绘单线弦纹。口沿部绘菱形纹一周。此盘器形硕大，绘图工整，是元代青花瓷中的精品。现藏于英国大英博物馆。

青花玉壶春瓶·元

撇口，细长颈，圆腹，圈足外撇。通体青花装饰，内口沿处饰一圈卷草纹，外壁多层次装饰，腹部主题纹饰为荷莲图。其胎骨洁白细腻，釉汁光润，白中闪青，造型优美，青花色泽淡雅，画面层次分明，纹饰清晰。

⏲时间：1254 ~ 1323

马端临著《文献通考》

马端临（1254 ~ 1323），字贵与，饶州乐平（今属江西）人。他的父亲马廷鸾在宋末度宗朝做官，后因与权臣贾似道不和，辞官还乡，专心著书，著有《读史旬编》。这是一部史书，以十年为一旬，从帝尧写到后周显德七年，共348卷。

自幼好学

在父亲的督促下，马端临自幼以精通朱子学的曹泾为师，受到严格的教育。宋代的官制规定，大官的子弟可以不经科举而走上仕途，当然名额有等级限制，这种制度叫荫补。马端临19岁时便享受到这一特权。但他不屑借父辈之光，仍参加了科举考试，20岁时漕试为第一。元军攻陷临安时，他才23岁。

宋亡后，马端临隐居家中，闭门读书写作。先是协助父亲编写《读史旬编》，在这个过程中，马端临从治学方法到史料源流都得到不少教诲。马廷鸾的旧同事留梦炎在元朝当上吏部尚书，曾力邀马氏父子出仕，但被他们婉言拒绝。父亲去世后，马端临曾担任过慈湖书院和柯山书院的山长，时间都很短，以后又当过台州（今属浙江）儒学教授，也只干了3个月。此后一直在家乡著书讲学，据说一时访者甚众，“有所论辩，吐言如涌泉，闻者必有得而返”。

心血倾《通考》

马端临平生的最大业绩还是巨著《文献通考》。约在至元二十二年（1285）前后，他开始着手编撰，历时20多年方才完成。仁宗延祐四年（1317），朝廷派人寻访有道之士，得其书呈进，皇帝当即下令官府刊刻。马端临见自己的著作能够刊印流行，自然十分高兴，亲自参与校对。英宗至治二年（1322），全书刊印方才竣工。次年，马端临病逝于家乡，享年70岁。

宋代是一个史家辈出的时代，出现多部贯穿古今的通史，如司马光的《资治通鉴》、郑樵的《通志》等。马端临深受宋代史学思想的影响，很佩服司马光，但他觉得还缺少一部制度通史，因而立志以此作为终生的事业。他对杜佑的《通典》也颇为赞赏，他的著作《文献通考》参照了《通典》的体例，又有了发展。

《文献通考》，348卷。分门别类地论述历代的典章制度，上起上古，下至南宋宁宗嘉定末年。全书共分24门，每一门前有一段小序，说明著述的原则、考订的新意等。每门之下又分为若干子目，每一目的内容都按时间先后排列。《文献通考》也不是单纯地罗列材料，而是有叙述、有考订、有论断，将杜佑创立的典志体和郑樵提倡的会通之意有机地结合起来。

全书各类目之下的内容按文、献、考三个层次排列。以宋代部分为例，顶格排行者，即所谓“文”，也就是“叙事”部分，大多取材于宋朝的国史和会要。凡低一格排行者，即所谓“献”，也就是“论事”部分，引用不少宋人的评论，从中也可看出作者的思想倾向。凡低两格排行者，即所谓“考”，是作者自己的议论，内容包括指点历史演变的线索、评判是非、考辨史料和解释名物等。文、献、考三部分有机结合，材料按时间先后排列，次序井然，不仅便于检索，而且便于了解历史发展的线索。

作为宋代遗民，马端临对宋的灭亡有着切肤之痛。他详细记载宋代部分的历史，探讨宋代社会制度的得失，希望能从其中找到南宋亡国的原因。这大概也是借此以寄托对故国的哀思吧。

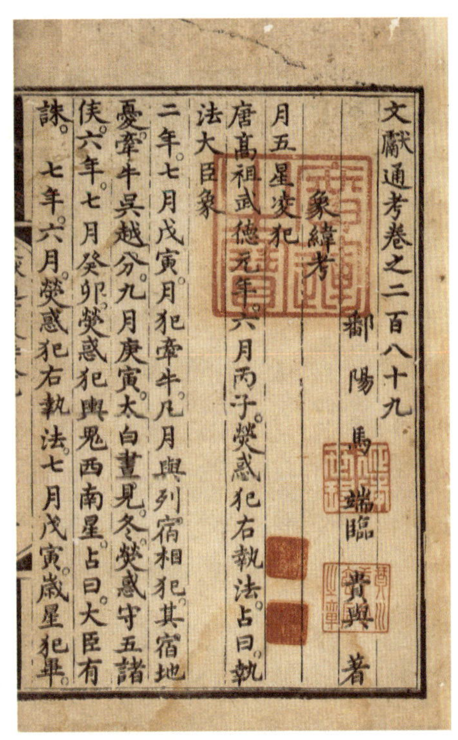

文獻通考卷之二百八十九

鄱陽馬端臨貴與著

象緯考

月五星凌犯

唐高祖武德元年。六月丙子。熒惑犯右執法。占曰。執法大臣象

二年。七月戊寅。月犯牽牛。九月。月與列宿相犯。其宿地憂牽牛吳越分。九月庚寅。太白晝見。冬。熒惑守五諸侯。六年。七月癸卯。熒惑犯輿鬼西南星。占曰。大臣有誅。

七年。六月。熒惑犯右執法。七月戊寅。歲星犯畢。

马端临《文献通考》书影

《文献通考》全书分为24门，348卷。自“经籍”至“物异”等5门为《通典》所未有者，此外19门均为《通典》的原目或子目。

时间：？ ~ 1375

元修三史

封建时代，统治者非常重视修治前朝史书，这一方面是为了发挥历史的戒鉴功能，巩固本王朝的统治；另一方面也是为了借以说明新王朝继承大统的合法性。元代虽然是少数民族建立的王朝，在修史著书上并不肯后人，二十四史中的宋、辽、金三史都是在元顺帝时期修成的。

平息“正统”争论

元初，世祖忽必烈便曾诏令修宋、辽、金三史。然而长时间以来，修史都停留在议论阶段。议论的焦点是宋、辽、金三朝究竟谁是正统。有人主张以宋为正统，立为帝纪，以辽、金为窃据，当入载记；有人主张以辽、北宋、金为北史，南宋为南史。汉人主张以宋为正统，蒙古人起自漠北，对此当然不能接受。

顺帝至正三年（1343），重开史局，宋、辽、金皆定为正统，各为一史，命丞相脱脱为都总裁，铁木儿塔世、贺唯一、张起岩、欧阳玄、揭傒斯等为总裁官。编写时，由史官撰成初稿，然后由总裁官笔削定稿。至正四年（1344），《辽史》《金史》先成，至正五年《宋史》修成。

修史的总负责人是脱脱，他曾任同知枢密院事。至元六年（1340），在顺帝的支持下，脱脱父子发动政变，赶走专权的右丞相伯颜，父子相继担任中书右丞相，废除了伯颜旧政，恢复科举，重开经筵，利用儒术来治理国家，史称“脱脱更化”。三史的修撰，就在这一政治背景下开始的。脱脱首先果断采纳了三史各为正统的说法，平息了延续60多年的争论，使修史工作得以顺利开展；同时，脱脱推荐了欧阳玄等人，并在他们的帮助下初步组成了写作班子；为筹措修史经费，他又下令调用江南三省的学田钱粮，为修史工作奠定了经济基础。三史的修成与脱脱的努力是分不开的。

潦草《宋史》《辽史》

宋人以修史为荣，元修《宋史》却草草成章。宋代的史官制度最为完备，有史馆修纪传体的国史，有实录院修编年体的实录，有文件汇编的会要，还有记皇帝宗室支派的玉牒，内有皇帝流水账的起居注，外有宰相府的时政记，每一类史料都体系完备，堆积如山，修一部完备的宋史应不为难事。可直到元末，宋、辽、金三史才草草完工。数士人风骚，论诗文雅致，宋朝都可首屈一指，宋代出现许多优秀的历史著作，宋人以进史馆修史为荣。然而，《宋史》却修得差错百出，后人称为二十四史中最差的一部。这个罪状主要记在元人头上。

《宋史》496卷，为二十四史中篇幅最大者，上起太祖建隆元年（960），下至祥兴二年（1279），记载了两宋320年的历史，详细反映了当时的政治、军事、经济、文化各方面的情况，其中有不少珍贵的史料。但《宋史》是在短短两年半内完成的，修史过于仓促，不及仔细考证研究，所以错误不少。《辽史》116卷，也写得比较粗疏。

《金史》——最佳官修

《金史》135卷，获得了最佳官修正史之美誉。金享国不如辽，而其风俗迥异。破辽后，金诸王子皆学汉语，学契丹文，能文能武的宗室很多。金朝的史官制度也十分完备，修有国史、日历、起居注、实录等。女真初无文字，祖宗时并无记录，太宗时修国史便访问老人，得知不少先朝佚事，补出始祖以下10帝。金实录也颇为详明。金亡时，元将张柔攻下汴京。金才子元好问听说实录在张万户家，曾打算到张家当仆人，以读实录撰国史，后来被朋友劝阻而止。当时，金左右司郎中王鹗将被杀，张柔听说他很有才，便将他救下，车载回家。因而王鹗得遍观金实录与辽史。元末修成的《金史》，便主要抄自金实录及王鹗、元好问、刘祁等所作野史，因而短短一年，却成佳作。清赵翼说：“是书叙事最详核，文笔亦极老洁，迥出《宋史》《辽史》之上。”

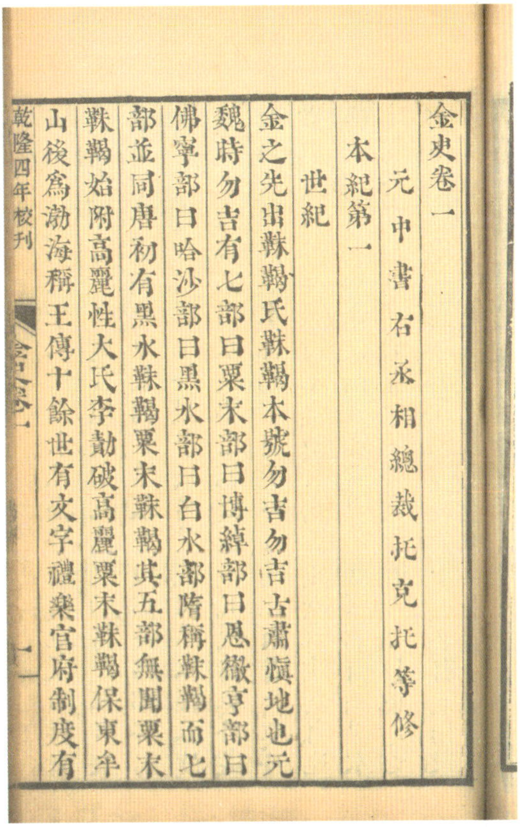
金史卷一
元中書右丞相總裁托克托等修
本紀第一
世紀
金之先出靺鞨氏靺鞨本號勿吉勿吉古肅慎地也元
魏時勿吉有七部曰粟末部曰博綽部曰恩徹亨部曰
佛寧部曰哈沙部曰黑水部曰白水部隋稱靺鞨而七
部並同唐初有黑水靺鞨粟末靺鞨其五部無聞粟末
靺鞨始附高麗姓大氏李勣破高麗粟末靺鞨保東牟
山後為渤海稱王傳十餘世有文字禮樂官府制度有
乾隆四年校刊

《金史》书影

·人物·
王实甫

61

时间：元中后期

王实甫与《西厢记》

爱情是文学作品永恒的主题。浪漫诗人元稹在800年左右的唐代写了一篇传奇小说《会真记》，说的是张生与崔莺莺的恋爱故事。1190年左右，有位名叫董解元的说唱家将3000字的《莺莺传》扩大为5万字的说唱文学《西厢记诸宫调》。大约又过了近100年，一位元代的作家王实甫将这篇爱情故事演绎成戏曲。

平民作家

王实甫，元代易州人。曾做过某地县官，声誉很好。后来升任陕西行台监察御史，由于和上司处不好关系，弃官不做。不久，便完成了不朽剧作《西厢记》。

王实甫的剧作，见于载录的有14种。现存的除《西厢记》外，尚有《丽春堂》，写金章宗时丞相完颜乐善仕途沉浮的故事；《破窑记》，写吕蒙正始贫终富过程中与刘月娥曲折的婚姻，成就都不大。但仅仅是一部《西厢记》，就足以使他“天下夺魁”。

有情人终成眷属

《西厢记》是一个传统的才子佳人故事，剧情大意为：唐贞元年间，前朝崔相国病逝，夫人郑氏带女儿莺莺、侍女红娘等人，扶相国灵柩回乡，中途暂住普救寺。洛阳书生张珙（字君瑞）赴长安赶考，路过河中府看望同窗好友白马将军，顺便游览普救寺，与莺莺相遇，惊其艳丽而生情，遂借寺中暂住。

张生的住所与莺莺所住的西厢仅一墙之隔。一天晚上，莺莺同红娘在园中烧香祷告，张生隔墙高声吟诗一首：“月色溶溶夜，花荫寂寂春；如何临皓魄，不见月中人？”莺莺和道：“兰闺久寂寞，无事度芳春；料得行吟者，应怜长叹人。”诗歌唱和，彼此心生爱恋。

山寇孙飞虎兵围寺院，逼莺莺成婚，崔夫人声称愿将女儿嫁给献计退兵者，张珙修书请白马将军退敌。不料崔夫人言而无信，让张珙、莺莺兄妹相称。张生因此致病。红娘出谋，让张生月下弹琴，打动莺莺。红娘代传书简，莺莺诗约张珙，幽会西厢，私订终身。老夫人察觉此事，拷问红娘，红娘实告并晓以大义。老夫人无奈允婚，但又逼迫

张生上京考试，如考不中，仍不嫁女。

张生与莺莺长亭惜别，上京应试，金榜题名。然而崔夫人侄儿郑恒造谣说，张生已做了卫尚书女婿，逼崔夫人把莺莺嫁给他。就在这时，张生回到普救寺，在白马将军的帮助下，揭穿了郑恒的阴谋，与莺莺喜结连理，有情人终成眷属。

曲家之雄

《西厢记》故事自唐代以来版本甚多，但当数王实甫的《西厢记》特别动人。“碧云天，黄花地，西风紧，北雁南飞。晓来谁染霜林醉？总是离人泪。”（《端正好》）所以历代文人对王实甫的《西厢记》评价极高，明代戏曲评论家何元朗认为：“王实甫才情富丽，真辞家之雄。”王世贞云：“北曲当以《西厢》压卷。”明初的贾仲明称王实甫为“作词章风韵美，士林中等辈伏低，新杂剧，旧传奇，《西厢记》天下夺魁”。就连曹雪芹也借林黛玉之口，称赞它“词句警人，余香满口”。

《西厢记故事图》（局部）·明·仇英（款）

杂剧《西厢记》通过落拓书生张生与相国之女崔莺莺一见钟情，真诚相爱，在婢女红娘的帮助下，冲破重重束缚，成就美满姻缘的故事，突出了“愿天下有情人终成眷属”的美好愿望。现藏于美国弗利尔美术馆。

·人物·
黄道婆

62

时间：元中后期

衣被天下黄道婆

黄道婆，又名黄婆，中国元代著名的棉纺织革新家。元贞年间，她制成了一整套捍、弹、纺、织工具（如搅车、椎弓、三锭脚踏纺车等），极大地提高了当时的纺纱效率。在织造方面，她用错纱、配色、综线、挈花工艺技术，织制出有名的乌泥泾被，推动了松江一带棉纺织技术和棉纺织业的发展，对当时植棉和纺织技术的发展起到了很大的推动作用。

离乡背井

黄道婆铜像

黄道婆生于南宋末年淳祐年间（1241～1252），“道婆”是后人对她的尊称。最早提到黄道婆事的是《南村辍耕录》，作者是元末明初人陶宗仪。《南村辍耕录》成书于元末，其载黄道婆生活于“国初”松江府东去五十里许的乌泥泾。黄道婆十二三岁时，为生活所迫，给人家当童养媳。一天，由于劳累过度，她织布时速度慢了一些，公婆、丈夫以此为借口，将她毒打一顿，锁在柴房里不给她饭吃，不让她睡觉。黄道婆无处诉苦，便横下一条心，在房顶掏了一个洞，逃上了停靠在黄浦江上的一艘帆船，随船到了海南岛南端的崖州。

黄道婆来到海南岛，与黎族人民一起劳作，在黎族同胞的细心传授，黄道婆掌握了纺棉和织布的工序。在实践中黄道婆还融合吸收了家乡织布技术的长处，逐渐成为有着精湛技术的纺织能手。

日月如梭，物换星移。在海南生活劳作的黄道婆不觉已度过了30多个春秋。黄道婆在元成宗元贞年间（1295～1296），身背踏车、椎弓等纺织工具，踏上了北归的路途。

改进棉纺技术

乌泥泾毗邻东海，在黄道婆离乡前，这里农业极不发达，棉纺织技术更是落后。黄道婆回乡后，看到家乡棉纺织生产的落后情况，决意使之改变。她陆续采取不少措施，向家乡人传授在崖州学到的整套棉纺织技术，结合内地传统的纺织工艺，进行改革，创造了一套新技术。1、改良棉种。用她从崖州带回的棉种培育出适合于当地种植的优良棉种，取代了原有的棉种。2、改良捍棉机具。用双把手摇轧棉的搅车代替原有的用手剥脱棉籽。3、改良弹弓。用檀木椎（或称糙）往来敲击四尺多长的绳弦大弹弓代替仅有一尺四五寸长的指拨线弦小弓。4、改良纺车。缩小纺麻丝的三锭脚踏车竹轮直径，调整踏杆支点和竹轮偏心距，制成一手纺三根纱的脚踏三锭纺车，代替手捻纺坠纺纱或单锭手摇纺车纺纱。5、改良织造工艺。借鉴和汲取黎族织造“崖州被”的经验和方法，发展汉族民间固有的传统织造工艺，创造了具有江南特色的“乌泥泾被”。这些织物具有独特的风格，很快成为当时异常珍贵的品种，被称为“云布”，风行一时。由于乌泥泾棉布销行日广，千户农家和手工业者生活大获改善，从而使乌泥泾很快变成了一个富庶的著名村镇。

黄道婆的棉纺织新技术，对棉织业在与上海相邻的松江、青浦一带的普及，和上海地区棉纺织业日益繁荣起有很大的推动作用。在黄道婆逝世后，松江府地区很快成为全国植棉业的中心，并赢得了“松郡棉布，衣被天下”的赞誉，黄道婆创造的棉纺织新工艺长期流传于世。据清代褚华《木棉谱》记载：松江府地区普遍栽种的“杜花”和“紫花”，均为黄道婆传下的棉种。盛行于明清两代匹值万金的棉织龙凤、斗牛、麒麟等袍服材料，也是沿用黄道婆的方法生产的。

棉纺织业的发展，使松江府地区的人民生活得到了改善，无人不衷心感谢黄道婆的功德。民间传诵一首歌谣：“黄婆婆！黄婆婆！教我纱，教我布，两只筒子两匹布。”表达了对这位出身劳动者的纺织家的敬仰和赞颂。乡人为她造墓树碑，建祠塑像，奉祀香火，敬如神。

人物
朱思本

63 朱思本考察天下

时间：1273 ~ ?

朱思本（1273 ~ ? 约死于元统、至元年间）字本初，号贞一，元朝地理学家和地图制图学家。1273 年出生于临川（今江西抚州）。他的祖父以科举入仕，于南宋末年任淮阴县令。他的父亲，恰逢宋灭元立，朝代更替之际，因不满新的统治者，坚决不仕元。其父厌世遁迹、薄视名利，家道因此中落。长辈们的处世心态，对年幼的朱思本也产生了极大的影响。

遁世入道

朱思本从小生活贫苦，懂得为家分忧。祖辈丰富的藏书，使他从小“家学有所从”，受到良好的教育。朱思本很有才学，但由于朝代更迭、对现实不满，所以坚决不走仕途而入道门，不满14岁时曾到信州（今江西上饶）龙虎山学道。自四代张天师起即据龙虎山传教，之后此地成为道教正一教派的中心。元世祖忽必烈平江南时，召见三十六代天师张宗演，命他主领江南道教。后来张宗演的徒弟张留孙到大都，建造了崇真宫，专掌祠事，并被授予玄教宗师。1287年，张宗演另外一个徒弟吴全节到大都协助张留孙处理教务。朱思本正是此时入山，至1297年的10余年时间，他一直潜心学道，加之他相当高的文化素养，使他的地位不断上升。1299年，玄教宗师张留孙命朱思本离开龙虎山去大都，做他的助手。在他离开龙虎山去大都时赋诗曰：“胡为舍此去？乃与尘俗萦。人生有行役，岂必皆蝇营。”这表明了他无意去追求权势，下决心不做蝇营狗

道教圣地龙虎山

龙虎山是中国道教的发祥地，据道教典籍记载，正一道创始人张道陵曾在此炼丹，此后张天师后裔世居龙虎山，至今承袭六十三代，历经 1900 多年。

苟般的人。他接受这一机会，意在去考察“山川风俗，民生休戚，时政得失，雨潮风雹，昆虫鳞介之变，草木之异”，做出一番自己的事业来。

游历半壁河山

朱思本也正是利用这个职务关系，一生得以周游半个中国。他的游历考察各地先后达20年之久，时间上可以分为两个阶段：第一阶段，从大德三年（1299）离开龙虎山后前往浙江，登会稽山观览风光，后西向转入湖南，纵游洞庭湖及其周围一些地方。继而北上，经湖北的襄樊、江陵等地，至泗水流域、淮河流域。在中原等地辗转游览，去过陕西东部、山西等，以及山东的汶、沂、泗、沭诸河流域，最北到达辽宁一带，最后进入大都。第二阶段，从至大四年（1311）到延祐七年（1320）止，奉诏南下代祀名山大川。朱思本先到河南，祀祭了中岳嵩山及其道观寺庙。尔后继续南下，到达南岳衡山的祝融峰，祀祭完毕，进入广东沿海一带。朱思本20年间前后两次周游，他的足迹遍及今华东、华北、中南地区，几乎走遍中国半壁河山。

从龙虎山出发北上大都的过程中，他很留意考察所经过地方的民生

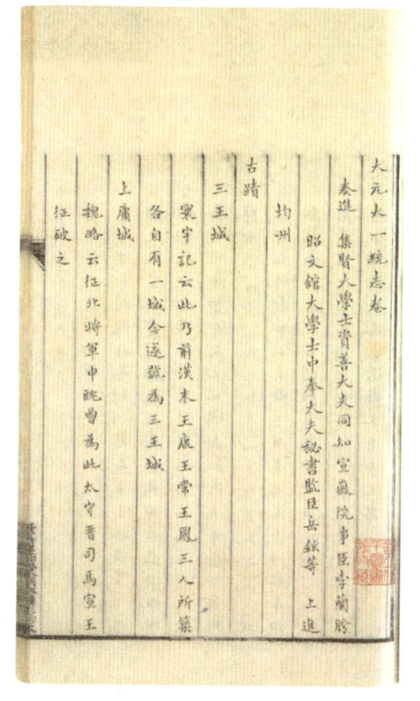

大元大一統志卷
奏進 集賢大學士資善大夫同知宣徽院事臣孛蘭肹
昭文館大學士中奉大夫秘書監臣岳鉉等 上進
均州
古蹟
三王城
寰宇記云此乃前漢末王匡王常王鳳三人所築
各自有一城今遂號為三王城
上庸城
魏略云征北將軍申耽曾為此太守晉司馬宣王
征破之

《大元大一统志》书影·元

休戚、时政得失、山川风俗，以及自然界的雨潮风雹现象，昆虫草木变异，并作了记载。在江浙一带，朱思本目睹了当地遭受水灾和瘟疫，人民流离失所，死者不可胜计的悲惨情景。这位久居深山的道士，真正接触到的社会，对“人生休戚，时政得失”始有了一个了解。

大德十一年（1307），吴全节被授予玄教嗣师。朱思本同时作为吴全节的助手，有了随从吴全节祭祀全国各地名山大川的机会。至大四年（1311），朱思本开始了长达10年之久的考察活动。他周游各地，代天子祭祀名山大川，同时也负有朝中大夫要他“质诸藩府，博采群言，随地为图”的任务。正巧，朱思本也试图纠正前人地图的错误，重绘新图。经过10年的努力，朱思本终于绘成长宽各7尺的《舆地图》。此图，现今已失传，后来明代罗洪先绘有《广舆图》保存了此图的概貌。

绘制《舆地图》

朱思本为绘制《舆地图》，在实地考察、搜集资料、制图方法等方面都付出了大量的心血。

一是实地考察。朱思本利用一切机会，沿途进行广泛的实地考察，每到一地都不耻下问，他“讯遗黎，寻故迹，考郡邑之因革，核山河之名实，验诸滏阳、安陆石刻《禹迹图》、樵川《混一六合郡邑图》”，从而掌握了大量的第一手资料，获得了丰富的地理知识。他的“讯”“寻”“考”“核”“验”的考察方法符合严格的科学实践活动：首先是“讯”，即向当地父老乡亲询问；其次是“寻”，即寻找遗址、遗迹；三是“考”，即考证各地郡邑的沿革；四是“核”，即核实河流山川的名字是否有误；五是“验”，即根据自己的考察来检验古地图所绘是否准确。他这种孜孜不倦的治学精神，为他取得科学的结论提供了保障。他发现“前人所作，殊多乖谬”，这就更加强了他

重新绘制地图的决心。

二是广泛吸收和利用前人有关地理学方面的研究成果。朱思本利用自己职务的便利，经常到中央政府有关部门和地方政府的有关机构，查阅前人的地理著述、地方档案材料以及总志、方志中的地理资料。朱思本还注意利用藏文等少数民族地理著作。为了编绘较精确的《舆地图》，朱思本在搜集材料方面是不遗余力的。有了这些条件，《舆地图》的绘制就具备了更充实的基础。

三是发扬“计里画方”的绘图方法。“计里画方”是中国古代绘制地图使用的重要方法。“计里画方”是将若干条横竖线构成互相垂直的方格直接绘入图中的一种画法。魏晋时，地理学家裴秀创造了“制图六体”法：“分率”（比例缩尺）、“道里”（实际里数）、“准望”（方位）、“高下”“迂直”（即地貌地形与实际里数的关系）、“方邪”。裴秀的《禹贡地域图》即以“计里画方”法绘制的。此法到唐贞元年间得到贾耽的重新提倡。至元时，“计里画方”法虽未中断，却有被湮没的危险。但到后来朱思本的《舆地图》被明代罗洪先缩绘增广并大量刊行之后，“计里画方”法也为之一振，产生广泛的影响，支配着明清地图绘制达200多年。

《广舆图》书影·明·罗洪先

此本是万历七年（1579）山东监察御史钱岱刊发的版本，共两卷。地图真实地展现了明朝中期整个中国的情况。

朱思本是一位起衰振微、承先启后的地图学家，他在吸收了大量前人的知识和当时的新资料的基础上，根据社会发展的需要，以元代的政区为框架，编撰了《九域志》，成为地理学上的一部重要著作。

朱思本在中国地图制图学史上有重要地位。他的《舆地图》的精确度超过前人，是我国制图史上的杰作，影响深远。

·人物·
张士诚

64

⏲时间：1354 ~ 1357

张士诚建周降元

张士诚为人持重寡言，轻财好施，延揽八方之士。但他缺乏远见，用人不当，而且一直表现出动摇、投降的政治倾向，在降元与叛元之间摇摆不定。尤其是占领平江后，整个张士诚统治集团骄奢懈怠，渐失民心，最终走上了败亡的道路。

起兵割据

至正十一年（1351）五月，泰州人王克柔密谋起义，事泄，被高邮知县李齐逮捕。王克柔好友李华甫、面张四打算起义，谋救克柔，李齐便将王克柔解往扬州。张士诚得知李华甫要造反，便和他们合谋。至正十三年（1353）正月，张士诚与其弟张士义、张士德、张士信及李伯升等18人联合李华甫等起义，先杀死了弓兵丘义和抢掠当地富户，并引兵进入附近盐场，大批盐丁加入义军队伍，义军实力不断壮大，张士诚率起义军攻克泰州。

张士诚攻占泰州后，元河南行省遣李齐前往招降，被张士诚扣留。未几，张士诚火并李华甫的队伍，李齐乘机逃走。在劝降失败的情况下，元河南行省派兵镇压张士诚义军，结果吃了败仗，在万般无奈之下，河南行省便再派李齐往泰州劝降，张士诚经过权衡利弊，认为降元也有一定的好处，决定率部投降。当时，元淮南江北行省参政赵琏的军队驻扎在泰州，赵琏命令张士诚制造战船，打算率兵赴濠州、泗州镇压郭子兴部起义军。张士诚怀疑赵琏要对自己开刀，见赵琏毫无防备，突然半夜发兵攻杀赵琏等人，大肆抢掠泰州官库，随后率部进入得胜湖结寨，并派人攻克了兴化县。五月，张士诚突袭高邮，高邮城中大小官员弃城而逃。攻占高邮之后，张士诚实力大增，锐不可当。在万般无奈之下，元朝廷再次下诏招降张士诚，河南行省仍派李齐前去劝降，可惜李齐的命运没有前两次好，招降不成，反为张士诚所杀。此后，元廷屡屡派人劝降，都没有成功。

六月，元廷见屡次招降张士诚不成，决定派兵镇压。元廷任命淮南行省平章政事达识帖睦迩在淮南、淮北等地招募壮丁，同时让他率领汉军、蒙古军防守淮安；命也先不花为淮西添设宣慰副使进攻泰州；命淮南行省平章政事福寿攻兴化。与此同时，元枢密院都事石普，向元廷上奏提出自己领兵三万，一定能够攻克高

邮，剿灭张士诚，元廷便任命石普为山东义兵万户府事，招募义兵一万多人，南下攻打张士诚。石普军先占领宝应，乘胜直攻高邮，在高邮城将被攻破的时候，因同行诸将嫉恨石普，不作配合，结果石普孤军作战，最终阵亡。进攻高邮的失败，元军的腐败不堪，由此可见一斑。

元军屡攻高邮不能得手，张士诚已经感受不到威胁，便于至正十四年（1354）正月，正式建立政权，国号大周，改元天祐，自称诚王。称王之后，他下令放出监狱中的囚犯，免去百姓的赋税，征用儒士，发展农业，兴修学校，逐渐完善其政权的各种功能。但是元廷对张士诚的进攻并没有停止。至正十四年（1354）二月，元廷任命湖广行省平章政事苟儿为淮南行省平章政事，率兵攻打高邮，结果大败而归。

决战高邮

张士诚在占领高邮之后，势力进一步发展到运河要道，这就严重影响江南财富和粮食通过运河北运大都，同时也等于掐断了元廷的财源，因而，元廷为解决财政问题，出兵高邮已迫在眉睫。

至正十四年九月，顺帝命右丞相脱脱亲自挂帅，进攻高邮。脱脱统领诸王、诸省军马，号称百万，直逼高邮。十一月，脱脱大军抵达高邮，张士诚连战连败，接着，元军又连破六合、盐城、兴化等地，高邮城破也指日可待。这时，京城里的佞臣哈麻一伙，因与丞相脱脱不和，唆使监察御史弹劾脱脱，说他“出师三月，略无寸功，倾国家之财以为己用，半朝廷之官以为自随”。昏庸的顺帝听了这话，很是生气，竟下令将脱脱罢官削职，改任河南行省左丞相太不花、中书平章政事月阔察儿、知枢密院事雪雪等人为统帅。诏书下达之后，前线元军大乱。张士诚不战而胜。从此，元军主力丧失大半，再也没有力量纠集如此众多的军队来镇压起义军。

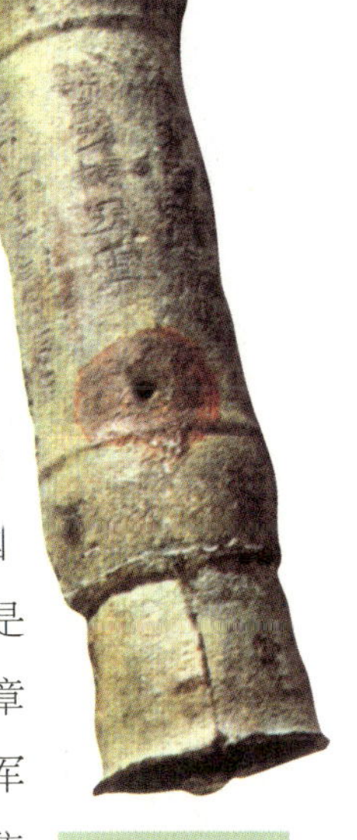
铜火铳·元

张士诚降元

高邮之役后，元廷认为镇压一时难以奏效，转而采取招安手法来对付张士诚。至正十五年（1355）四月，元廷命翰林待制乌马儿等赴高邮招安，士诚不降。五月，又命淮南行省平章政事咬住、淮东廉访使王也

先迭儿赴高邮招安，士诚亦未降。

至正十六年（1356）二月，张士诚之弟张士德攻占平江府（今江苏苏州）。三月，张士诚自高邮抵平江，改平江路为隆平府，并把它作为都城，以承天寺为王宫，设立三省、六部、百司，劝农奖学。并任命阴阳术士李行素为丞相，弟张士德为平章，蒋辉为右丞，潘元明为左丞，史文炳为枢密院同知，锻工周仁为隆平太守。周政权移到平江后，一批旧官吏、儒生纷纷前来投靠，张士诚对这些人一律重用，一旦张士诚军事失利，这些人都纷纷劝说张士诚降元。

至元十七年（1357）八月，张士诚向元朝廷请降。张士诚开始的时候要王爵，江浙行省左丞相达识帖睦迩不许；张士诚又请爵为三公，遂授张士诚太尉，张士德淮南行省平章政事，张士信同知行枢密院事，其余头目皆授官有差。至正十八年（1358）五月，张士诚与苗军杨完者联手攻严州（今浙江建德），败归；其后屡攻江阴、常州，均失败。

至正十九年（1259），朱元璋军与张士诚军在余杭、诸暨、江阴、湖州、建德、绍兴、杭州、常州等地展开争夺战。双方对诸暨的争夺最为激烈，正月，朱元璋部将胡大海攻占诸暨；六月，张士诚部将吕珍来攻，决水堰灌城，大海反灌，吕珍败退。次年九月再来攻城。至正二十二年（1262）三月，张士信又率军来攻城。但直到次年秋，朱、张双方在江南地区基本上维持原来态势。而张士诚则趁宋政权三路北伐造成苏北、鲁南空虚之机，将势力扩张到济宁，甚至连朱元璋的老家濠州也被张士诚占领。

张士诚既受元朝名爵，必受制于元廷。由于海运及河运中断，至正十八年（1258）、十九年（1259）京师发生大饥荒。十九年九月，元廷不惜以御酒龙衣赐张士诚，以征其海运粮。从至正二十年（1260）开始，张士诚出粮，方国珍出船，至至正二十三年（1263）止，每年运粮抵京师11万至13万石。张士诚占据平江后，特别是投降元朝后，贪婪地追求财富和享乐。张士诚政权的权力实际上操纵在一些旧官吏和政客手里，这一伙新生地主分子为了满足自己的私欲和运粮支持残元政权，加紧对其控制区人民的剥削和压迫。他们已经完全从农民起义的队伍中叛离出来，堕落成割据一方的地主政权。

至正二十四年（1364）八月，张士诚逼迫元江浙行省左丞相达识帖睦迩让位给其弟张士信，达识帖睦迩无奈，只好移居嘉兴，不久被鸩杀。张士信当了江浙行省左丞相后，过着荒淫无耻的生活。

兵败被杀

张士诚称吴王后，为了突破朱元璋的包围，曾派投降过来的原朱元璋部将领谢再兴进攻东阳（今属浙江），派李伯升率六十万大军四攻诸暨，派张士信攻长兴，都未获胜。至正二十五年（1365）二月，又派李伯升、谢再兴五攻诸暨，又遭败绩。到这年十月，朱元璋开始发动削平群雄的大规模战争，第一个目标就是张士诚。

至正二十五年（1265）十月，朱元璋令徐达、常遇春、胡廷瑞、冯国胜、华高等率马步舟师，水陆并进，规取淮东、泰州等处。到次年四月，徐达等攻占了泰州、通州、兴化、盐城、高邮、淮安、濠州、徐州、宿州、沛县、邳州、安丰等地，夺取了张士诚在苏北和淮河地区的全部占领区。五月，朱元璋发布《平周檄》，列举张士诚八大罪状。八月，朱元璋令徐达为大将军、常遇春为副将军，率师20万进攻张士诚。至十一月，徐达等先后攻占湖州、杭州、绍兴、嘉兴等地，只有无锡仍为士诚部将莫天佑驻守，朱军已形成对平江的包围。张士诚的重要将领吕珍、李伯升、张天骐、潘元明等均投降朱元璋。十一月，开始围攻平江。

张士诚所铸“天祐通宝”·元

围平江后，朱元璋用叶兑的锁城法，由徐达、常遇春、华云龙、汤和等分兵驻守各门、各方之外，城四周筑长围困之，架木塔（名曰敌楼）三层，监视城中动静，每层施弓弩火铳，又用襄阳炮日夜轰击。至正二十七年（1267）九月，徐达破葑门、常遇春破阊门，士诚诸将周仁、潘元绍等皆降。张士诚先令其妻妾自尽，然后亦自缢，气未绝，俘送应天，自缢死，终年47岁。不久，朱元璋军克无锡、常熟，张士诚割据政权灭亡。

·人物·
韩林儿
徐寿辉等

65

时间：元朝末年

元末群雄

元朝末年，政局腐败，天灾不断，民不聊生。至正十一年（1351），韩山童与刘福通首举义旗，随后，徐寿辉、郭子兴、张士诚等人纷纷起义。这些草莽英雄不等天下太平，纷纷称王称帝，一时间群雄并起，战乱不休。

韩林儿与刘福通

韩林儿（？～1367），栾城（今属河北）人，元末著名农民起义领袖韩山童之子。刘福通，颍州（今安徽阜阳）人，元末北方红巾军领导人。元朝末年，阶级矛盾和民族矛盾空前激化，特别是元朝统治者的变钞、开河等决策更是耗尽了国力、民力。白莲教教主韩山童趁机以独眼石人的歌谣鼓动群众造反，并且于至正十一年（1351）五月与其信徒刘福通等聚众数千人，准备起义。

可惜这次起义还没开始，元朝廷就派兵前来镇压，韩山童被捕遇害，年幼的韩林儿则和母亲杨氏逃出了包围躲藏起来。不久后，同样逃出包围的刘福通聚集起义军攻占颍州，接着又先后占据了河南、安徽两省的许多城镇，义军一度多达10万余人，声势浩大。至正十五年（1355）二月，刘福通将韩林儿迎接至亳州（今属安徽），号为小明王，建国大宋，改元龙凤。此时的韩林儿非常年轻，缺乏政治经验和军事指挥能力，更多的起到的是其作为白莲教教主嫡子的象征作用。3年后，起义军攻克北宋旧都汴梁，宋政权正式迁都于此。

迅速发展的北方红巾军成了元王朝的心腹大患，元廷名将察罕帖木儿等人先后率领大军围攻汴梁。不久，汴梁失陷，韩林儿和刘福通逃往安丰（今安徽寿县）。这时被元廷收买的红巾军张士诚部又进攻安丰，刘福通被杀，形势万分危急。幸亏宋政权名义上的部属朱元璋率兵来救，韩林儿才得以幸免。龙凤十二年（1366），朱元璋在取得鄱阳湖大

捷后，命部将廖永忠自滁州迎韩林儿到应天（今江苏南京），廖永忠于途中将他溺死。尽管韩林儿在元末群雄中并不是雄才大略的人物，但其父韩山童的首倡之功和韩林儿作为宋政权名义领袖的种种作为还是为史学家所称道，《明史·韩林儿》传中就曾写道："……林儿横据中原，纵兵蹂躏，遮蔽江、淮，十有余年。太祖得以从容缔造者，借其力也。帝王之兴，必有先驱者资之以成其业，夫岂偶然哉！"究其深意，这完全是把韩林儿、刘福通和秦末农民起义的先驱陈胜、吴广相比，算得上相当高的评价了。

徐寿辉

徐寿辉（？~1360），蕲州罗田（今属湖北）人，原是贩卖土布的小商贩。他身材魁伟，为人正直，在当地群众中有很高威望。至正十一年（1351）五月，北方白莲教的韩山童、刘福通等人发动几万黄河民工起义，直打到大别山脚下的光山县。对元朝统治早就不满的徐寿辉，见时机已到，便与麻城铁匠邹普胜、宜春和尚彭莹玉等人，在天堂寨中发动起义，徐寿辉被拥戴为首领。

徐寿辉率领红巾军，一举攻取了罗田县城。九月，起义军占领了蕲水。十月，徐寿辉定都蕲水，立国号为"天完"（"大"上加"一"为"天"，"元"上加"宀"是"完"，"天完"表示压倒"大元"），定年号为"治平"，设置统军元帅府、中书省、枢密院以及中央六部（吏、户、礼、兵、刑、工）等军政机构。徐寿辉创建政权后，得到了广大贫苦农民的拥护，红巾军很快发展到几十万人，天完政权派出两路大军向江西、湖南挺进，很快就控制了湖北、湖南、江南等广大地区。正当红巾军迅速壮大，士气日盛的时候，天完政权内部却发生了分裂，徐寿辉的部将陈友谅已掌管着军政大权，自称汉王，将徐的心腹部将逐一杀害。至正二十年（1360），陈友谅暗置伏兵，将徐寿辉诱骗至太平（今安徽

花瓣式鎏金耳杯·元

当涂）附近的采石镇，将其杀害。陈友谅在采石五通庙即皇帝位，国号大汉，天完政权灭亡。徐寿辉和他建立的天完政权为推翻元朝残暴统治做出了重要贡献。

陈友谅

陈友谅（1320～1363），沔阳（今属湖北）人。陈友谅祖上皆为渔民，他自幼习武。至元六年（1340）五月，他到玉沙县城考试武科，名落孙山，只被任为录事。至正十年（1350）八月，陈友谅在洪湖率渔民千余人起义，到至正十三年（1353）年已有两万余人。不久，陈友谅投靠了天完政权建立者徐寿辉，被封为中书省平章政事兼都元帅。至正二十年（1360），自行称帝，立国号为大汉，年号大义。随后，陈友谅率军东下，攻打朱元璋的根据地应天（今江苏南京），但被朱元璋击败，悻悻而退。后经两年的准备，陈友谅于至正二十三年（1363）五月，再次率领二十五万大军、战舰五百余艘进攻洪都（今江西南昌）。朱元璋起全军来救，以火攻之策大败陈友谅的舰队，战斗中陈友谅被流箭射中头颅而死。次年，朱元璋率大军进攻武昌，陈友谅之子陈理投降，大汉政权亡。

明玉珍

明玉珍（1329～1365）随州人，是元末农民起义军领袖，元末大夏政权的创建者。明玉珍22岁时参加徐寿辉领导的天完红巾军，任统军元帅。明玉珍作战勇猛，右眼因负伤失明。后奉命领兵西征，由巫峡入蜀，占领重庆，摧毁了元朝在四川及周边地区的残暴统治。陈友谅杀害徐寿辉后，明玉珍毅然斩杀陈友谅来使，三军缟素，为徐寿辉发丧，并积极准备讨伐陈友谅。至正二十三年（1363），明玉珍在部下的劝说下于重庆称帝，国号大夏，年号天统。随后，明玉珍建立统治机构，赋税以十分取一，并开科取士，在其管辖范围内较早地实现了社会安定、生产的恢复和发展。天统四年（1365），明玉珍病逝于重庆，其子明昇嗣位。明洪武四年（1371）明昇降明。

方国珍

方国珍（1319~1374），台州黄岩（今属浙江）人，世代以贩卖私盐为业。至正八年（1348），一向以相貌奇特、身体魁梧而闻名当地的方国珍，与其兄方国璋，其弟方国瑛、方国珉，聚集数千人造反，劫夺元廷漕粮，攻打骚扰浙东沿海州县。不久，方国珍兄弟接受招安，元廷授方国珍庆元定海尉。至正十年（1350），势力膨胀的方国珍不愿受元廷所制，四处劫夺财物，元廷被迫出兵镇压。此后，方国珍为了官职财物，屡降屡叛，成了明末群雄中最反复无常的割据势力。随着势力的不断发展，方国珍占据了庆元（今浙江宁波）、温、台三路六州十一县，在浙东沿海站住了脚跟。至正十九年（1359），方国珍看到朱元璋的势力越来越大，就遣使奉表于朱元璋，表示了投降之意，被授福建行省平章。在此同时，首鼠两端的方国珍还接受了元廷的官职，不断以粮食由海路接济大都。至正二十七年（1367），朱元璋派大军攻入浙东，方国珍只好投降，朱元璋授其以广西行省左丞之职。明洪武七年（1374），方国珍病死，享年56岁。

延伸阅读

元代散曲

散曲兴起于元代。到了元代，散曲独立于传统的诗词之外，异花独放。元代散曲创作大致可分为前后两个时期。前期散曲作家的活动中心在大都，也就是今天的北京。这一时期是散曲的兴盛时期，作家队伍中有达官贵人、杂剧作家，还有民间艺人。由于作家的社会地位不同，思想感情各异，使这一时期的散曲呈现出丰富多彩的局面，而散曲作为一种新的诗歌形式也逐步走向成熟。到了后期，散曲作家的活动中心逐渐转移到中国南方的杭州。出现了一批专攻散曲的作家，他们研究散曲的体制和规律，写出了一些好作品。后期在创作数量上虽然比前期多，但总的创作倾向，却趋于雅正典丽，失去了前期的生命力。元代散曲的内容大致可以分为以下几个方面：其一，反映了元代社会的黑暗现实，寄托了对人民苦难的同情。其二，慨叹世情险恶，向往脱离现实生活，归隐田园，这类作品数量众多，反映了元代士人们所存在的消极避世情绪。其三，歌唱爱情和描写闺怨，这类作品想象丰富，语言直白，明显地表现出受民歌的影响。其四，描写景物也是元散曲中的一个重要题材。

·人物·
元顺帝

66

时间：1368

元朝覆亡

元朝末年，群雄蜂起，统治阶级内部却争权夺利，混战不已。元顺帝妥懽帖睦尔面对内忧外患，无力回天，只好任由元朝一步步滑向灭亡的深渊。

亡国之君

至顺三年（1332）八月十二，文宗图帖睦尔病故。图帖睦尔在位时没有什么作为，一切依从燕铁木儿，他只能算是一个名义上的皇帝。

图帖睦尔生前曾将自己的一个儿子古纳答剌交给燕铁木儿作养子，改名为燕帖古思。图帖睦尔死后，燕铁木儿想立燕帖古思为帝，但图帖睦尔的皇后、燕帖古思的亲生母亲不答失里却不同意，她主张立年仅7岁的懿璘质班。于是燕铁木儿于至顺三年十月初四立懿璘质班为帝，就是宁宗。懿璘质班在位不足50天，于当年的十一月二十五日死去。燕铁木儿再次要求立燕帖古思为帝，不答失里依然不同意，她主张立懿璘质班的哥哥，明宗的长子，年仅13岁的妥懽帖睦尔。

元宁宗像·元·无款

燕铁木儿表面不敢表示反对，暗地里却在从中作梗。他一直担心妥懽帖睦尔长大以后会追问他父亲明宗的死因，害怕妥懽帖睦尔知道真相后会报杀父之仇。直到燕铁木儿病死，妥懽帖睦尔才好不容易即位，他就是顺帝。

妥懽帖睦尔在位的时候元朝已经病入膏肓，内部一片混乱，外部“贼寇”蜂起，他虽然做了38年皇帝，是元朝在位时间最长的一位君主，却也是末代亡国之君。元朝不是直接毁在他的手里，他实在已经无力回天。

混乱中，妥懽帖睦尔的皇太子爱猷识理达腊有了夺取帝位的念头。妥懽帖睦尔的宠信大臣、左丞相哈麻就想劝顺帝让位。这个想法被哈麻的妹夫秃鲁帖木儿所知，秃鲁帖木儿遂向妥懽帖睦尔报告。妥懽帖睦尔于是授意叫御史大夫搠思监上一道奏章，揭露哈麻的罪行，将哈麻充军到广东，然而，哈麻在没走上流放之路前就被处死。

皇太子夺位没有成功，就和生母、妥懽帖睦尔的第二皇后高丽女子奇氏商量，让左丞相太平出面帮忙。奇皇后派太监朴不花示意太平。太平不从，奇皇后亲自出马，太平还是不肯。不久，太平就被奇皇后设计杀死。

此时，对刘福通作战的“义军”首领察罕帖木儿已被刺身亡，他的养子扩廓帖木儿称霸河南，孛罗帖木儿占领山西，二人为争夺地盘而互相攻伐。京城里，御史大夫老的沙准备搞掉太监朴不花，皇太子爱猷识理达腊母子两人又来攻击老的沙，老的沙逃到山西孛罗帖木儿的军营里。皇太子向孛罗帖木儿要人，孛罗帖木儿不给，皇太子让搠思监下令削去他的官爵，解除他的军权。孛罗帖木儿于是造反，派兵一直打到居庸关，进逼大都。大都方面只得将搠思监、朴不花二人交去做了替死鬼。皇太子爱猷识理达腊向河南的扩廓帖木儿求救兵，扩廓帖木儿当然求之不得，马上带兵攻打太原。但是孛罗帖木儿却只留下太原一座空城，带兵直奔大都。在兵临城下的情况，妥懽帖睦尔只得任孛罗帖木儿为右丞相，统率天下兵马。

《智慧空行母曼荼罗》·元

空行母，梵音译为“荼吉尼”，意在空中行走之人。空行母是一种女性神祇，在藏传佛教中是代表智慧与慈悲的女神。

孛罗帖木儿独揽大权以后，下令削去扩廓帖木儿的官职。扩廓帖木

《六马图卷》· 元 · 佚名

纸本，水墨设色，横 168.3 厘米，纵 46.2 厘米，现藏于美国纽约大都会艺术博物馆。

儿带兵来打，孛罗帖木儿大败。妥懽帖睦尔此时设计杀死孛罗帖木儿，让扩廓帖木儿当右丞相。这时候，奇皇后又要扩廓帖木儿出面逼顺帝让位，扩廓帖木儿不肯，皇太子母子就怀恨在心，加上妥懽帖睦尔本来就对扩廓帖木儿不信任，扩廓帖木儿只好请求带兵到外地去。妥懽帖睦尔便封扩廓帖木儿为河南王，统率天下兵马，南下去与朱元璋作战。不久又罢削了扩廓帖木儿的兵权。

元朝内部的混乱正好给朱元璋创造了机会，他于成功消灭了陈友谅、张士诚两股割据势力后，准备北伐。

至正二十七年（1367）十月，朱元璋任命徐达为征虏大将军，常遇春为副将军，率领二十五万主力军开始北伐；同时又分出一部分兵力继续南征，消灭浙江的方国珍、福建的陈友定以及湖广地方的割据势力。北伐军一路势如破竹，席卷河南河北。至正二十八年（1368），朱元璋在应天称帝，国号“大明”，改元“洪武”。闰七月，明军会集德州，从水陆两路沿运河北上，占领长芦，攻克青州，到达直沽，进逼大都。

七月二十八日夜间，妥懽帖睦尔弃了大都，逃奔上都。八月初二，徐达率明军进入大都。元朝灭亡。

妥懽帖睦尔于至正三十年（明洪武三年，1370）四月死在应昌，皇太子爱猷识理达腊继位，是为昭宗，仍沿用"大元"国号，史称"北元"。北元在爱猷识理达腊之后，皇位又传了六次，延续了34年。

延伸阅读

五年更五帝

元朝的帝位争夺异常激烈。致和元年（1328），泰定帝死于上都，上都的大臣拥立太子阿剌吉八继位，是为天顺帝；而大都方面则拥立元武宗的儿子。两都之战爆发，上都方面失败，天顺帝失踪。帝位的争夺又在元武宗的两个儿子之间展开。武宗长子和世㻋首先称帝，和世㻋就是明宗。但和世㻋暴死，其弟图帖睦尔登上皇位，是为文宗。文宗的统治持续了不到五年，至顺三年（1332）文宗逝世。明宗幼子懿璘质班即位，是为宁宗。宁宗数月后病死。明宗长子妥懽帖睦尔又被立为皇帝，他就是元末代皇帝顺帝。

帝王世系表

元			
庙号	帝王原名	年号	公元
太祖	铁木真		1206 ~ 1227
拖雷（监国）	拖雷		1228 ~ 1229
太宗	窝阔台		1229 ~ 1241
乃马真后（称制）	乃马真后		1242 ~ 1246
定宗	贵由		1246 ~ 1248
海迷失后（称制）	海迷失后		1248 ~ 1251
宪宗	蒙哥		1251 ~ 1260
世祖	忽必烈	中统 至元	1260 ~ 1264 1264 ~ 1294
成宗	铁穆耳	元贞 大德	1295 ~ 1297 1297 ~ 1307
武宗	海山	至大	1308 ~ 1311
仁宗	爱育黎拔力八达	皇庆 延祐	1312 ~ 1313 1314 ~ 1320
英宗	硕德八剌	至治	1321 ~ 1323

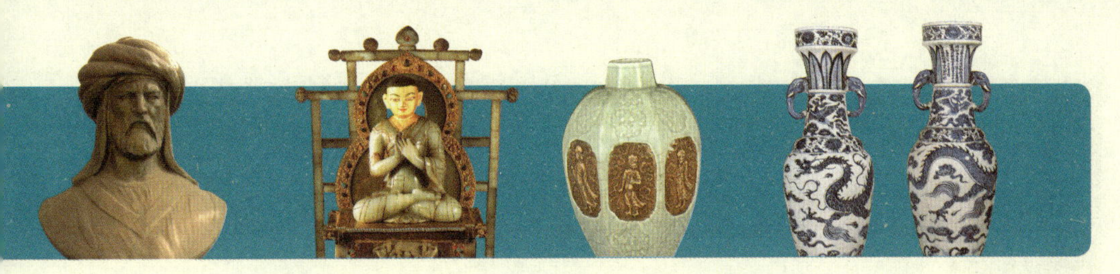

庙号	帝王原名	年号	公元
泰定帝	也孙铁木儿	泰定 致和	1324 ~ 1328 1328
天顺帝	阿速吉八	天顺	1328
文宗	图帖睦尔	天历 至顺	1328 ~ 1330 1330 ~ 1332
明宗	和世㻋		1329
宁宗	懿璘质班		1332 ~ 1333
顺帝	妥懽帖睦尔	元统 至元 至正	1333 ~ 1335 1335 ~ 1340 1341 ~ 1368

元 历史年表

1206年	大蒙古国建立，铁木真称成吉思汗。
1207年	成吉思汗征西夏。
1209年	再征西夏，西夏纳女求和。
1211年	成吉思汗攻金。
1215年	蒙古攻陷金中都。
1219年	成吉思汗西征。
1227年	蒙古灭西夏。成吉思汗去世。
1229年	窝阔台即大汗位。
1234年	蒙古灭金。
1235年	始建和林城。长子西征。
1236年	耶律楚材奏立中原赋税制度。
1241年	窝阔台死。
1242年	乃马真氏称制。
1248年	贵由死。斡兀立海迷失称制。
1251年	蒙哥即大汗位。
1253年	旭烈兀西征。忽必烈占领大理城。
1257年	蒙哥亲征南宋。
1259年	蒙哥死于军中。
1260年	忽必烈即汗位。
1262年	益都李璮反，败死。
1264年	阿里不哥降，改元至元，次年，改燕京为中都。
1268年	立御史台，发兵围樊城，海都之乱。
1271年	定国号为“大元”。
1272年	并尚书省入中书省，改中都为大都。
1273年	元军破樊城，宋襄阳守将吕文焕降。
1274年	伯颜率大军攻宋。元军第一次东征日本。
1275年	马可·波罗来华。
1276年	南宋幼主恭帝赵㬎请降，元军取临安。
1279年	元军取厓山，南宋丞相陆秀夫抱所立的赵昺（赵㬎弟）投海，宋亡。
1282年	王著刺杀阿合马。
1283年	元军征缅国。

1283年	元军征缅国。
1284年	元军征安南、占城。起用卢世荣理财。
1286年	颁行《农桑辑要》。
1287年	诸王乃颜叛，忽必烈亲征，起用桑哥理财。
1289年	海都进攻漠北，忽必烈亲征，复和林。
1291年	罢桑哥。颁行《至元新格》。
1293年	通惠河建成，从此大运河通航直达大都。
1294年	忽必烈死。皇孙铁穆耳继位，是为成宗。
1301年	铁坚古山会战，元廷与西北宗藩约和。
1303年	《大元大一统志》编成。
1307年	元成宗死，海山即位，是为武宗。
1309年	复置尚书省。颁行至大银钞。
1311年	元武宗死，爱育黎拔力八达即位，是为仁宗。废武宗新政。
1313年	下诏行科举。
1320年	元仁宗死，子硕德八剌即位，是为英宗。
1323年	颁行《大元通制》。南坡之变，泰定帝即位。
1328年	泰定帝死。两都争战。
1329年	和世㻋即位，是为明宗，八月死，图帖睦尔再次即位，是为文宗。
1331年	《经世大典》修成。
1332年	元文宗死，立明宗子懿璘质班，即位一月即去世，是为宁宗。
1333年	妥懽帖睦尔即帝位，是为顺帝。
1335年	唐其势政变被诛。伯颜罢科举。
1340年	罢黜伯颜，复科举，脱脱出任中书右丞相。
1343年	诏修宋、辽、金三史。
1350年	更改钞法。
1351年	贾鲁治黄河，红巾军起义爆发。
1353年	张士诚起义。高邮之战。
1355年	刘福通立韩林儿为小明王，建国号宋，建元龙凤。
1360年	陈友谅杀徐寿辉，称帝，建国号汉，建元大义。
1363年	鄱阳湖大战，陈友谅死。
1364年	朱元璋称吴王。
1368年	朱元璋称帝。八月，明军攻入大都，元朝灭亡。

元

文图编辑：王松慧

美术编辑：苟雪梅

文稿撰写：陈 栩 陈 宇 程栋良 崔晓军 冯文丹 胡伟达 邝向雄 李明奎 李小龙 刘 智 覃 睿 王 歆 王 尧 邢 晔 药 强 张 玮 张文静（排名不分先后）

图片提供：WL工作室 郝勤建 孔 群 Fotoe.com 视觉中国 汇图网 中国台北故宫博物院 英国大英博物馆 美国纽约大都会艺术博物馆 美国弗利尔美术馆